AF821464

उसके बाद गंगा-यमुना नदी होकर पता नहीं कितना पानी बह गया। हम दोनों एक साथ हंसे हैं, एक साथ सपने देखे हैं। कभी सोचा भी नहीं था कि हमारे सारे सपने आंधी में टूटकर चूर-चूर हो जायेंगे। अच्छा, इंसान की जिंदगी में क्या हेमंत-बसंत ऋतु हमेशा के लिए स्थायी नहीं हो सकतीं ? इंसानों को दुःख ना पहुंचाकर क्या विधाता पुरुष अपना आधिपत्य प्रकट नहीं कर पाते ?

- इसी उपन्यास से

डायमंड बुक्स में प्रकाशित

निमाई भट्टाचार्य के अन्य उपन्यास

- सोनागाछी की चंपा
- अठारह साल की लड़की
- देवर-भाभी
- राग असावरी
- अवैध रिश्ते
- एक नर्स की डायरी
- सीमाएं टूट गईं

गलतफहमी

(मूल बंगला रचना 'ईशानी'- का हिंदी अनुवाद)

निमाई भट्टाचार्य

डायमंड बुक्स

ISBN : 81-288-0618-1

प्रकाशक : **डायमंड पॉकेट बुक्स (प्रा.) लि.**
X-30, ओखला इंडस्ट्रियल एरिया,
फेज़-2 नई दिल्ली- 110 020
फोन : 51611861-65
फैक्स : 011- 51611866, 26386124
ई-मेल : sales@diamondpublication.com
वेब साइट : www.diamondpublication.com
संस्करण : 2003
मूल्य : 60/-
अनुवादक : कुमार नीलाभ
लेज़र टाईपसेटिंग : Languagetron
Ph.: 95120- 2901523, M : 9810633190
प्रिंटर्स : आदर्श प्रिंटर्स, शाहदरा, दिल्ली-92

Galatphahami : ***Nemai Bhattacharya***

समर्पित

परम श्रध्देय पाठिका

श्रीमती दोलन सेनगुप्ता को

गलतफहमी

॥ एक ॥

इस दुनिया में रहते हुए हर एक इंसान सपना देखता है। कोई सपना देखता है दो टाइम का खाना जुटाने का और थोड़े-से आश्रय का। कोई सपना देखता है रुपये-पैसे का... तो कोई इंसान सपना देखता है लोगों के सान्निध्य का, अपने लोगों के ऊष्ण स्पर्श का। मैं भी सपना देखता हूं सुखी जीवन बिताने का।

उसके बाद ?

अचानक एक दिन सब कुछ उलट-पलट हो गया। मेरे सपनों का महल ताश के पत्तों की तरह बिखर गया। मेरी दुनिया अंधेरों में डूब गई।

एक बार तो मेरे दिल में आया कि, मैं खुदकुशी कर लूं। लेकिन, अगले ही पल मैंने सोचा नहीं-नहीं। इतनी हिम्मत, इतनी ताकत मुझमें नहीं है। खुदकुशी करना मेरे बस की बात नहीं है। इसके अलावा मैं अगर खुदकुशी कर भी लूं, तो मां को वह सदमा बरदाश्त नहीं होगा। नहीं-नहीं... ये नामुमकिन है।

फिर मन में आया कि, मैं भाग जाऊं। हरिद्वार, ऋषिकेश, लक्ष्मण झूला या कुमाऊं पहाड़ियों के आस-पास कहीं भाग जाऊं।

नहीं-नहीं... उधर बहुत सारे बंगाली लोग जाते हैं। कब किसके साथ मुलाकात हो जाये... कोई भरोसा नहीं है। जिन लोगों के कारण मैं कोलकाता से भागना चाहता हूं, अगर उन लोगों से ही मेरी मुलाकात हो जाये, नैनीताल झील के आस-पास या रानीखेत में पाइन के पेड़ों की धूप-छांव में ?

नहीं-नहीं... इससे बेहतर होगा, अगर मैं मदुरै, रामेश्वरम या कन्याकुमारी चला जाऊं।

फिर मन में आया, रोगियों को उनके कष्ट से अगर मैं निजात दिला सकूं, तो मैं अपने सारे दुःखों को भूल पाऊंगा। शांति अगर न भी मिले, फिर भी थोड़ा-सा चैन तो मिलेगा।

यह सब सोचते-सोचते ही एक दिन मैंने कोल इंडिया में अर्जी भेज दी। लगभग

तीन महीने बाद इंटरव्यू भी हो गया। इंटरव्यू के आखिर में इंटरव्यू बोर्ड के चेयरमैन ने दबी हुई हंसी हंसकर कहा– 'पश्चिम बंगाल के बाहर जाने में आपको कोई एतराज तो नहीं है न?'

मैंने भी मुसकराकर उनके सवाल का जवाब दिया– 'आप लोग मुझे यहां से जितनी दूर भेजेंगे, मुझे उतनी ही ज्यादा खुशी होगी।'

'गुड... वैरी गुड।'

इंटरव्यू के लगभग महीने भर बाद नियुक्ति पत्र भी आ गया। मैंने लिफाफा खोलकर देखा, मुझे उत्तरी–पूर्वी कोल फील्डस् के मार्घेरिटा अस्पताल में भेजा गया है।

मार्घेरिटा? यह जगह कहां पर है? असम के गुवाहाटी, डिब्रूगढ़, दिगबोई, शिवसागर और काजीरंगा का नाम तो मैं दूसरे लोगों के मुंह से बहुत बार सुन चुका हूं... लेकिन भारतवर्ष में मार्घेरिटा नाम का भी कोई जगह है... यह मैं पहली बार सुन रहा हूं।

हमारे इस हॉस्टल में विमान भैया के कमरे की दीवार पर भारत का एक बड़ा–सा नक्शा टंगा हुआ है। बहुत कोशिश करने के बावजूद उस नक्शे में मैं मार्घेरिटा नाम का कोई जगह ढूंढ़ नहीं पाया।

मन–ही–मन सोचा, जरूर वहां पर लोगबाग ज्यादा नहीं रहते होंगे। इसलिए, भारतवर्ष के इतने बड़े नक्शे में भी मार्घेरिटा नाम की जगह नहीं मिली।

जगह चाहे न भी मिले, फिर भी मैं वहां पर जा रहा हूं। मैं इसी तरह की किसी अंजान जगह पर ही जाना चाहता था।

कोल इंडिया के दफ्तर में जाकर पूछताछ करने पर मुझे यह पता चला कि, मार्घेरिटा तिनसुकिया जिले में अवस्थित है। कोलकाता से हवाई जहाज में डिब्रूगढ़... फिर वहां से गाड़ी में 168 किलोमीटर सफर करने पर मार्घेरिटा आता है। कोलकाता से हर रोज डिब्रूगढ़ के लिए हवाई जहाज नहीं जाता है। इसलिए अगर मुझे एक तारीख को ज्वाइन करना है, तो मुझे दो दिन पहले ही वहां पहुंचना पड़ेगा।

❑❑❑

29 तारीख की टिकट लेकर मैंने मार्घेरिटा पर उत्तरी–पूर्वी कोल फील्डस् के जनरल मैनेजर और चीफ मेडिकल अफसर को तार कर दिया– रीचिंग डिब्रूगढ़ ऑन ट्वेन्टी नाइन्थ... इंडियन एयर लाइंस फ्लाइट नंबर 707।

रवाना होने से पहले मां और भैया–भाभी के साथ कुछ दिन बिताने के लिए मैं अगले ही दिन सुबह–सुबह स्टील एक्सप्रेस से घाटशिला के लिए रवाना हो गया।

❑❑❑

अखबार खत्म होते–होते गाड़ी खडगपुर स्टेशन पर आ गई। उसके बाद चाय और एक सिगरेट खत्म करते–करते झाड़ग्राम भी आ गया। कुछ संथाली बूढ़े लोग अपने बच्चों, तरह–तरह के सामान और चावल का बोरा लेकर मेरी बोगी में चढ़ते ही कोलकाता के बाबू लोगों जितने खफा हो उठे, मैं ठीक उतना ही खुश हो उठा। अचानक मुझे ऐसा लगा कि यह लोग शायद फूलमणि के रिश्तेदार होंगे। इन लोगों को देखकर ही मैं यह समझ गया था कि, मेरे शैशव–किशोरवय, यहां तक कि पहली जवानी की बहुत सारी यादें लेकर मौभंडार–मोसाबनी अब ज्यादा दूर नहीं है।

❑❑❑

मैं बचपन से ही संथाल लोगों को देखता आ रहा हूं। हमारे मौभंडार–मोसाबनी के रास्तों पर, बाजार में मैंने संथाल लोगों को देखा है। मोसाबनी, सुरदा, पत्थर गोडा, केन्दादीह को अगर छोड़ भी दिया जाए, तो मौभंडार के दफ्तर और कारखानों में भी बहुत सारे संथाल लोग काम करते हैं, दिन में बहुत बार मैं इन लोगों से मिला हूं लेकिन संथाल लोगों के प्रति मेरी पसंद के पीछे पहला कारण है महादेव चाचा और फूलमणि।

मेरे पिताजी के मौभंडार के दफ्तर में लेखा विभाग में नौकरी पाने के साल भर बाद ही महादेव चाचा भी उसी विभाग में चपरासी के पद पर आये थे खुद जार्डिनसन साहब के सिफारिश पर। तब, मेरी बात तो दूसरी है... मेरे बड़े भाई का भी जन्म नहीं हुआ था। बड़ा होने के बाद मां के मुंह से महादेव चाचा की नौकरी पाने की कहानी सुनी थी।

❑❑❑

उस समय यह सब अंग्रेज लोग तांबे की खानों और कारखानों के मालिक थे। देश आजाद होने के बाद भी यह कंपनी बहुत दिनों तक अंग्रेज लोगों के हाथ में थी। उस समय जार्डिनसन साहब ही यहां के सब कुछ थे। हर रोज सुबह छह बजे से साढ़े सात बजे तक गोल्फ क्लब में गोल्फ खेलकर बंगले में वापस आकर नाश्ता करके घड़ी देखकर आठ बजे दफ्तर। शाम को जार्डिनसन साहब अपनी पत्नी के साथ पूरे इलाके का पैदल चलकर मुआयना करते थे। कहीं भी थोड़ा–सा कूड़ा या पेड़ की टूटी हुई शाखा मिलने पर वह हो–हल्ला मचा देते थे।

मेरी मां हंसते–हंसते कहती थी, उस समय उन्हीं दो–तीन अंग्रेज साहबों के डर से ही इंजीनियर व ओवरसियर लोग सच में पूरे मौभंडार को साफ–सुथरा रखते थे।

❑❑❑

जो भी हो, हर रविवार की तरह उस रविवार को भी जार्डिनसन साहब अपनी

पत्नी को साथ लेकर गोल्फ खेलने गये थे। रविवार होने के कारण मौभंडार-मोसाबनी के कुछ अफसर लोग भी गोल्फ खेलने आए थे। लेकिन, मिसेज जार्डिनसन को छोड़ कर और कोई महिला उस दिन गोल्फ खेलने नहीं आई थी।

साहब लोगों के गोल्फ खेल कर बियर पीकर क्लब से विदा लेने के बाद ठेकेदार के हुकूम पर दस-बारह संथाल लड़कों ने घास काटना, मैदान साफ करना शुरू कर दिया। उन दस-बारह संथाल लड़कों में से एक थे महादेव चाचा।

घास काटते-काटते ही महादेव को अचानक एक छोटी-सी सोने की घड़ी जमीन पर पड़ी हुई मिली। घड़ी के साथ सोने का पट्टा भी था। उसने पल भर के लिए सोचा, अभी भाग कर ठेकेदार को घड़ी दे आए... लेकिन अगले ही पल उसने सोचा- नहीं-नहीं... मैं यह घड़ी ठेकेदार को नहीं दूंगा। वह साला एक नंबर का हरामी है। साला जरूर घड़ी बेच डालेगा।

घड़ी हाथ में लेकर महादेव ने सोचा- मैंने हर समय साहब के हाथ में बड़े साइज की घड़ी देखी है... इसके अलावा मैंने साहब के हाथ में कभी भी सोने के पट्टेवाली घड़ी नहीं देखी। तो क्या यह घड़ी बड़े साहब की मेमसाहब की है ?

घास काटने के बाद ठेकेदार से 1 रुपया 53 पैसा मेहनताना मिलने के बाद महादेव सीधा पहुंच गया बड़े साहब की बंगले पर। जार्डिनसन दंपत्ति बॉलकनी में बैठकर चाय पी रहे थे। महादेव को देखकर जार्डिनसन साहब ने पूछा- क्या बात है ?

महादेव ने मुंह से कुछ न कहकर सीधा आगे बढ़कर घड़ी उनके हाथ में दे दी।

जार्डिनसन साहब घड़ी हाथ में लेकर चिल्ला उठे- 'डार्लिंग, ही हैज ब्रोट योर मिसिंग वाच।'

'रियली ?'

मेमसाहब ने लगभग कूदकर घड़ी अपने हाथ में लेकर पूछा- 'यह घड़ी तुमको कहां से मिली ? रास्ते पर ?'

महादेव ने सिर्फ इतना ही कहा- 'क्लब... क्लब।'

मेमसाहब ने अपने दोनों हाथ आसमान की तरफ उठाकर कहा- 'ओ गॉर्ड।' मैं इसे क्लब में छोड़कर आई थी ? मैंने तो यह सोचा था कि, शायद रास्ते में घड़ी मेरे हाथ से गिर गई होगी।'

मिस्टर जार्डिनसन ने हंसते हुए अपनी पत्नी से कहा- 'देखो, देखो...यहां के संथाल लोग कितने ईमानदार हैं। डेढ़ सौ पाऊंड कीमत की घड़ी मिलने के बावजूद यह लोग वापस कर देते हैं।'

जार्डिनसन साहब ने इस बार महादेव से पूछा- 'क्या तुम हमारी खान में या फैक्ट्री

में काम करते हो ?'

'नहीं।'

'क्या तुम खेती-बाड़ी करते हो ?'

'नहीं, साहब ! हमारा कोई खेत नहीं है।'

'तो तुम क्लब किसलिए गए थे ?'

'ठेकेदार के हुकुम पर घास काटने के लिए गया था।'

'पूरे दिन घास काटकर तुम्हें कितना मिलता है ?'

'1 रुपया 53 पैसे।'

जार्डिनसन साहब पलभर के लिए रुककर महादेव से पूछा- 'तुम नौकरी करोगे।'

'हां, साहब... करूंगा।'

बस.. अगले ही दिन महादेव को नौकरी मिल गई।

❑❑❑

यह सब बातें बहुत पुरानी हैं। मुझे अभी भी याद है, दफ्तर की छुट्टी होने के बाद पिताजी से गप्पें मारते हुए महादेव चाचा भी हमारे क्वार्टर पर आते थे। पिताजी अपने कमरे में चले जाते थे और महादेव चाचा रसोई के दरवाजे के पास बैठ जाते थे। पिताजी को चाय-नाश्ता परोसने के बाद मां महादेव चाचा को भी चाय देती थी। चाय पीने के बाद महादेव चाचा मां से पूछते थे- 'मांजी। बाजार से कुछ लाना है क्या ?'

'नहीं, आज कुछ नहीं लाना है... लेकिन कल या परसों गेहूं पिसवाकर लाना पड़ेगा।'

'हां, हां... जरूर पिसवाकर ला देंगे।'

थोड़ी देर चुप रहने के बाद महादेव चाचा ने बहुत संकोच के साथ कहा- 'मां जी। पांच रुपये चाहिए।'

मां ने हंसते हुए कहा- 'तुम्हारे रुपए तुम लोगे, इसमें इतना संकोच करने को क्या है ?'

मां ने कमरे से रुपये लाकर महादेव चाचा के हाथ में देकर कहा- 'तुम क्या अभी बाजार जाओगे ?'

महादेव चाचा ने शर्म से भरी हुई हंसी हंसते हुए कहा- 'नहीं, मां जी... बाजार नहीं जाऊंगा। सर्कस के टिकट खरीदूंगा।'

उसने पलभर के लिए रुककर कहा- 'घाटशिला के मैदान पर सर्कस चल रहा है। हमारे पड़ोस में से बहुत लोग देखकर आए हैं। इसीलिए...।'

मां ने उसकी बातों को बीच में ही काटकर कहा- 'इसीलिए तुम अपनी बीवी

और बेटी को साथ लेकर सर्कस देखने जाओगे।'

'हां, मां जी।'

'हां, हां... जाओ। उन लोगों का भी दिल बहल जायेगा।'

मेरे बड़े भईया कोलकाता में नाना, नानी और मामाओं के पास रहकर पढ़ाई करते थे। सिर्फ दुर्गा पूजा और गर्मियों की छुट्टीयों में हमारे पास आते थे। इसीलिए, महादेव चाचा के साथ मेरा ही लगाव ज्यादा था। मैं महादेव चाचा के साथ सुवर्णरेखा नदी में नहाया हूं, रणकिनी के मंदिर में गया हूं। शाम को मोहना में सूर्यास्त देखा है। आस-पास की और भी कई चीजों को महादेव चाचा ने मुझे दिखाया है। बींदमेला और इन्द्र त्योहार दिखाने ले जाने पर हर बार महादेव चाचा ने मुझे और फूलमणि को गर्मा-गर्म जलेबी खिलाते थे।

❑❑❑

दिन इसी तरह गुजर रहे थे। एक दिन बारिश के मौसम में जहरीले सांप के काटने से अचानक ही महादेव चाचा की बीवी की मौत हो गई। हफ्ते भर बाद महादेव चाचा को देखकर मुझे ऐसा लगा कि, इस हफ्ते भर में महादेव चाचा की उम्र काफी बढ़ गई है।

मुझे अच्छी तरह याद है, तब मैं जमशेदपुर के लोयोला स्कूल में सातवीं कक्षा में पढ़ता था। एक दिन लगभग दोपहर तीन बजे स्कूल से जब मैं घर वापस आया, दरवाजा फूलमणि ने खोला। मैंने हैरान होकर उससे पूछा- 'तू कब आयी ?'

वह मेरे सवाल का कोई जवाब न देकर भागकर मां के पास पहुंच गई।

मां ने कहा- 'महादेव का छोटा भाई आज अपने बीवी को साथ लेकर चांईबासा चला गया। फूलमणि पूरा दिन अकेली कैसे रहेगी... इसीलिए।'

मां ने पलभर रुकने के बाद फिर से कहा- 'महादेव हर रोज दफ्तर जाते समय फूलमणि को मेरे पास छोड़ कर जायेगा, फिर शाम को घर जाते समय अपने साथ ले जायेगा।'

ओह! समझा।

फूलमणि उम्र में मुझसे साल भर बड़ी थी, लेकिन महादेव चाचा के साथ-साथ हम दोनों इधर-उधर घूमने जाते थे... इसीलिए हम दोनों के बीच एक दोस्ती का रिश्ता पनप उठा था। इसीलिए, स्कूल से वापस आने के बाद फूलमणि के साथ खेल पाऊंगा, गप्पे मार सकूंगा... यह सब सोचकर मुझे अच्छा ही लगा। दूसरी तरफ फूलमणि भी खुश थी, क्योंकि उसे पूरे दिन घर पर अकेली नहीं रहना पड़ेगा।

बारह-चौदह साल की बंगाली लड़कियां पढ़ाई करने पर भी घर का कोई

काम-काज नहीं करती हैं... घर का काम-काज उन सब लड़कियों से होता भी नहीं। लेकिन, संथाल लड़कियां ठीक इसकी उल्टी हैं। फूलमणि सिर्फ तीसरी-चौथी कक्षा तक पढ़ने के बावजूद अभी से ही घर के सभी काम-काज सीख गई है। इस उम्र में वह जितनी मेहनत करती है, न देखने पर किसी को यकीन नहीं होगा। पूरे दिन में वह एक मिनट के लिए भी आराम नहीं करती थी।

एक दिन स्कूल से घर आकर मैं जूते उतार रहा था। अचानक हंसते-हंसते फूलमणि भागकर आई और मुझसे पूछा- 'छोटे दादा बाबू, होतो भागी किसे कहते हैं ?'

मेरे हैरान होकर उसकी तरफ देखते ही फूलमणि ने हंसते हुए कहा-'अभी-अभी मां जी ने मुझसे कहा- 'होतो भागी तेरे कारण मुझे जरूर गठिया या बाय हो जायेगी।'

ठीक उसी वक्त मां ने आकर फूलमणि के ठीक बगल में खड़ी होकर हंसते हुए कहा- 'मैंने इसे कहा था कि, तू अगर मेरे सभी काम कर देगी, तो मुझे गठिया या बाय हो जायेगी।'

मैंने अपने कमरे की तरफ आगे बढ़ते हुए एक बार फूलमणि को देखकर गंभीर स्वर में कहा- 'इसका मतलब यह हुआ कि, मां ने तुझे बहुत ही खराब कहा है।'

'छोटे दादा बाबू, झूठ मत बोलो।'

फूलमणि पल भर के लिए रुकती है। फिर उसने कहा- 'मांजी कभी भी मुझे खराब नहीं कहती हैं। मांजी मुझसे बहुत प्यार करती हैं।'

मैंने कमरे के अंदर से ही कहा- 'मां तुझसे प्यार करती है ना हाथी...।'

कमरे के अंदर ही मेरे कानों में आवाज आती है, फूलमणि मां से पूछ रही है- 'मां जी। प्यार करती है ना हाथी... इसका क्या मतलब है ?'

'उसकी बातों पर तू ध्यान मत दे।'

❑❑❑

शनिवार को दफ्तर में हाफ डे होता है... रविवार को छुट्टी रहती है। शनिवार को दोपहर दो बजे ही महादेव चाचा फूलमणि को साथ लेकर घर चले जाते थे.. फिर सोमवार सुबह दफ्तर जाते समय फूलमणि को हमारे पास छोड़ जाते थे।

एक रविवार को मां ने मुझे और पिताजी को खाना परोसते हुए अचानक कहा- 'फूलमणि के न रहने से रविवार के दिन घर बहुत सूना-सूना-सा लगता है।'

पिताजी ने कहा- 'हां, तुमने ठीक ही कहा है। फूलमणि के रहने से तुम्हारा दिन भी अच्छी तरह से गुजर जाता है।'

कभी-कभी महादेव चाचा शनिवार और रविवार और कभी-कभी दो-तीन दिन

की छुट्टी लेकर फूलमणि को साथ लेकर चाईबासा जाते हैं... तब मुझे भी कुछ अच्छा नहीं लगता है। अपने चारों तरफ मैं एक सूनापन महसूस करता हूं।

इसी तरह दो साल गुजर गए। अचानक एक दिन मैंने ध्यान दिया कि, फूलमणि बड़ी हो रही है। पहले-पहले उसका पूरा बदन जवानी की लावण्य से भर गया। उसके चेहरे पर एक अंजान खुशी का भाव मुझे देखने को मिला। कभी-कभी उसकी नजरों में रहस्य का आभास भी मिलता है... देखने को मिलती है मादकता की मूक भाषा।

तब मेरी उम्र कितनी थी? शायद सोलह... लेकिन फिर भी फूलमणि को अपने सान्निध्य में पाकर मुझे एक अंजान खुशी महसूस होती थी। कभी-कभी मैं एकटक नजरों से उसकी तरफ देखता रहता हूं। फूलमणि भी दबी हुई हंसी हंसते हुए मेरी तरफ देखती रहती है। उसके बाद वह अचानक पूछती है- 'इस तरह क्या देख रहे हो?'

'तुझे देख रहा हूं।'

'मुझे इस तरह देखने में क्या है? तुम क्या मुझे आज पहली बार देख रहे हो?'

'देख रहा हूं, तू दिखने में बहुत ही सुंदर हो चुकी है।'

'झूठ मत बोलो, छोटे दादा बाबू।'

मैंने उसके हाथ के ऊपर अपना हाथ रखकर कहा- 'मैं सच कह रहा हूं, फूलमणि... तू दिन-पर-दिन बहुत ही सुंदर होती जा रही है।'

उसने अपना हाथ खींचकर कहा- 'देखो... तुम भी अब कोई बच्चे नहीं रहे। अब तुम भी देखने में अच्छे लगते हो।'

इसके बाद अगले सोमवार ही महादेव चाचा ने आकर मां से कहा- 'मां जी। फूलमणि की शादी तय हो गयी।'

ठीक एक महीने बाद ही फूलमणि अपने पति के घर चाकूलिया की तरफ एक गांव में चली गई।

कभी-कभी मैं अपने मन से ही पूछता हूं- 'अच्छा... फूलमणि क्या मेरा पहला प्यार है? या सिर्फ उसका सान्निध्य मुझे अच्छा लगता है... और कुछ नहीं।'

नहीं, इस सवाल का जवाब मुझे नहीं मिला। लेकिन, मुझे इतना पता है कि, जब-जब मैं अपनी जिंदगी के पीछे छोड़ आए दिनों के बारे में सोचता हूं, तब-तब फूलमणि का सुंदर-हंसमुख-उज्ज्वल चेहरा मेरी आंखों के सामने नाच उठता है। मैं उसे भूला नहीं हूं और न ही कभी भूल पाऊंगा। फूलमणि भी मुझे न तो भूल पाई है और ना कभी भुला पायेगी। उसके कुछ-कुछ पागलपन के बारे में सोचकर आज भी

मुझे हंसी आती है।

❑❑❑

मेडिकल कॉलेज में दाखिला लेने के लगभग तीन महीने बाद मैं मौभंडार गया। बड़े भईया से खबर पाकर महादेव चाचा मुझसे मिलने आए। मुझे अपने सीने से लगाकर रोते-रोते महादेव चाचा ने कहा- 'आज अगर बाबूजी जिंदा होते, तो कितने खुश होते।'

उसके बाद मुझे प्यार करते हुए महादेव चाचा ने कहा- 'तुम डॉक्टर बनने जा रहे हो। यह सोचकर ही मुझे कितनी खुशी मिलती है, मैं तुम्हें कैसे बताऊं।'

जो भी हो, पता नहीं किससे खबर मिली... लेकिन फूलमणि अपने बच्चों को लेकर वहां आ गई।

मेरी तरफ देखकर उसने हंसते हुए कहा- 'छोटे दादा बाबू कहकर बुलाऊं या डॉक्टर साहब कहना पड़ेगा?'

छोटे-मोटे हंसी-मजाक के बाद फूलमणि ने अचानक गंभीर होकर कहा है- 'छोटे दादा बाबू। जरा मुझे और मेरे बेटे को देखना।'

'क्यों? तुझे और तेरे बेटे को क्या हो गया है?'

'मेरी खांसी अच्छी होने का नाम ही नहीं लेती।'

उसने पल भर रुककर कहा- 'अच्छा छोटे दादा बाबू। जरा देखना तो, मेरा बच्चा दिन-पर-दिन दुबला क्यों होता जा रहा है?'

'तूने चाकूलिया में किसी डॉक्टर को नहीं दिखाया?'

फूलमणि ने सिर हिलाकर कहा- 'नहीं-नहीं, मैं अपने बच्चे को लेकर उन सब डॉक्टर के पास नहीं जाऊंगी जब तुम डॉक्टर बन गए हो, तो मैं उन लोगों के पास क्यों जाऊंगी?'

उसकी बातों को सुनकर मैं हंस पड़ा। थोड़ी देर बाद अपने ऊपर नियंत्रण करके मैंने कहा- 'मैं अभी डॉक्टर नहीं बना हूं। आज से करीब पांच साल बाद मैं डॉक्टर बनूंगा।'

फूलमणि ने अविश्वास भरी आवाज में कहा- 'इतने दिन हो गये, तुम अभी भी डॉक्टर नहीं बन पाए हो... यह कैसे हो सकता है?'

'मैं सच कह रहा हूं, मैं अभी भी डॉक्टर नहीं बना हूं। अगर मैं डॉक्टर बन जाता, तो तेरा और तेरे बच्चे का इलाज मैं जरूर करता।'

नहीं, उसने फिर भी मेरी बातों पर विश्वास नहीं किया। आखिर में, जब मां ने उसे समझाया, तब जाकर उसने सही रूप पर मान लिया कि, मेरे डॉक्टर बनने में अभी भी

कुछ साल बाकी हैं।

लेकिन, थर्ड इअर में पढ़ने के समय से ही फूलमणि तथा उसके बच्चे का इलाज भी मुझे ही करना पड़ता था। इलाज करने के सिवाए और कोई चारा भी नहीं था।

एक बार तो उसकी बातों को सुनकर मैं हैरान हो उठा था।

मिट्टी से बने घर में जमीन पर लेटने के कारण अक्सर ही फूलमणि को ठंड लग जाती थी... उसके सीने में बलगम जम जाता था। एक बार देखा, उसके सीने में काफी बलगम जमा हुआ है। इसीलिए, स्टेथोस्कोप लगाकर अच्छी तरह से सीना और पीठ की परीक्षा करते-करते ही मैंने कहा- 'सीने में इतनी बलगम जम चुकी है... फिर तूने किसी डॉक्टर के पास दिखाया क्यों नहीं ?'

उसने तुरंत ही कहा- 'दूसरे डॉक्टर को मैं अपने सीने पर क्यों हाथ लगाने दूं ? मुझे क्या शर्म नहीं आती ?'

उसकी बातें सुनकर मैंने हैरान होकर उसकी तरफ देखा।

'इस तरह क्यों देख रहे हो ?'

'अच्छा... मैं तेरी सीना-पीठ परीक्षा कर रहा हूं, इसमें तुझे क्या शर्म नहीं आ रही है ?'

'तुमसे कैसे शर्म ? तुम्हें तो मैं बचपन से ही देखती आ रही हूं।'

फूलमणि मेरी तरफ देखकर दबी हुई हंसी हंसकर कहा- 'तुम्हें छोड़कर और किसी डॉक्टर को अपने शरीर पर हाथ नहीं लगाने दूंगी... इसी कारण मैं किसी डॉक्टर के पास नहीं जाती हूं।'

महादेव चाचा और फूलमणि की इन सब बातों... इन सब यादों में मैं खोया हुआ था, इसी बीच स्टील एक्सप्रेस घाटशिला स्टेशन पर आकर रुकी।

॥ दो ॥

दरवाजा खोलकर मुझे देखते ही भाभी चिल्ला उठीं– 'हे भगवान! छोटू भईया... तुम।'

मां घर के अंदर से लगभग भागकर आई और भाभी के बगल में खड़ी होते ही मैंने भाभी की तरफ देखकर गंभीर स्वर में कहा– 'क्या बात है ? मुझे देखकर तुम इतनी हैरान क्यों हो रही हो ? तुम ही तो... ।'

मेरी बात के खत्म हुए बगैर ही भाभी ने कहा– 'तुम्हारे अचानक इस तरह आने पर मैं हैरान नहीं होऊंगी ?'

'तुमने खुद तार भेजकर मुझे यहां आने के लिए कहा और अब... ।'

मेरी बातों के बीच में ही भाभी ने अपनी दोनों आंखें बड़ी-बड़ी करके कहा– 'मैंने तुम्हें तार भेजा ? तुम यह सब क्या कह रहे हो, छोटू भैया ?'

मैंने काफी जोर देकर कहा– 'परसों तुम्हारी बहन जया के साथ मेरी रजिस्टर्ड शादी होने वाली है और इसीलिए ही तो... ।'

नहीं, भाभी मुझे और कुछ कहने नहीं देती है। उसने हंसते-हंसते ही मेरे गाल पर आहिस्ते से एक चांटा लगाते हुए कहा– 'बदतमीज लड़का कहीं का।'

हाथ में पकड़े हुए सूटकेस नीचे उतारकर मेरे द्वारा मां के चरण स्पर्श करते ही मां ने हंसते हुए कहा– 'पिछले दो-तीन दिनों से तुझे देखने को बड़ा मन कर रहा था।'

मैंने दोनों हाथों से मां का चेहरा थामकर हंसते हुए कहा– 'मैं भी पिछले दो-तीन दिनों से सिर्फ तुम्हारे बारे में ही सोच रहा था।'

मां ने आत्मतृप्त हंसी हंसते हुए कहा– 'मैं तेरी मां जो हूं, मैं अगर तेरे बारे में सोचूं तो तुझे भी मेरे बारे में सोचना पड़ेगा।'

मैं जूते-मोजे उतारकर मां के कमरे में आकर कमीज उतारकर पंखे के नीचे बैठा ही था कि भाभी चाय लेकर आ गयी।

मां ने पूछा– 'ट्रेन में जरूर तूने सिर्फ चाय पीकर सफर किया होगा ?'

मैंने हंसकर कहा– 'हां।'

'तू हाथ-मुंह धोकर आ... मैं तेरे लिए झटपट पराठें बना देती हूं।'

भाभी ने तुरंत कहा- 'नहीं-नहीं, मां जी। आपको परेशान होने की जरूरत नहीं है... पराठां मैं बना देती हूं। आप तब तक छोटू भईया से बातें कीजिए।'

'मां! राजा बेटा क्या सो रहा है?'

'नहीं, उसे उसके नाना-नानी साथ लेकर गए हैं।'

कपड़े बदलकर हाथ-मुंह धोकर पराठां खाते-खाते मैंने मां से पूछा- 'यहां का हाल-चाल सुनाओ।'

'यहां नई खबर कुछ भी नहीं है।'

मां ने पलभर के लिए रुककर कहा- 'हां... एक बहुत ही बुरी खबर है।'

मैंने प्रश्नभरी नजरों से मां की तरफ देखकर पूछा- 'मतलब?'

'बेबी विधवा हो गई है।'

'कौन बेबी? हमारी बेबी दीदी?'

'हां-हां... और कौन-सी बेबी?'

मैंने हैरान होकर कहा- 'मां कुछ दिन पहले ही तो बेबी दीदी की शादी हुई थी। वह...।'

भाभी ने एक गहरी सांस छोड़ते हुए कहा- 'हां छोटू भईया... बहुत ही दुःख की बात है।'

यह खबर सुनते ही मेरा मन भारी हो उठा। कितना कुछ याद आ जाता है। पिताजी जब मोसाबनी में कार्यरत थे, तब हमारे क्वार्टर के ठीक सामने वाले क्वार्टर में बेबी दीदी रहती थी।

❑❑❑

बेबी दीदी मुझसे सिर्फ साल भर ही बड़ी थीं। मुझसे एक क्लास ऊपर पढ़ती थीं वह। हम दोनों एक ही बस से जमशेदपुर आया-जाया करते थे। बस लोयोला स्कूल के छात्रों को उतारने के बाद लड़कियों के स्कूल की तरफ चली जाती थी। छुट्टी के बाद हमारे स्कूल से पहले लड़कियों के स्कूल से लड़कियों को बैठाकर बस आती थी। मुझे बस के अंदर पांव रखते हुए देखकर ही बेबी दीदी चिल्ला उठती थीं- 'सैकत! मैं यहां हूं।'

बेबी दीदी हर वक्त अपनी बगल वाली सीट मेरे लिए रिजर्व करके रखती थीं।

मेरे उनके बगल में जाकर बैठते ही बेबी दीदी मेरे हाथों में कुछ-न-कुछ खाने की चीज देकर पूछती थीं- 'तेरी साइकिल ठीक-ठाक तो है ना?'

मैं सर हिलाकर कहता था- 'हां।'

'तो फिर तेरी साइकिल से ही रविवार को जाऊंगी, ठीक है ?' बेबी दीदी गंभीर होकर कहती थीं।

मैं हैरान होकर पूछता था- 'कहां जाओगी ?'

'सोच रही हूं, तुझे शंख नदी के किनारे एक सुंदर-सी जगह दिखाने ले चलूंगी।'

'वह तो मोसाबनी से बहुत दूर है।'

'अरे नहीं... ज्यादा दूर नहीं है। साइकिल से ज्यादा-से-ज्यादा घंटा भर लगेगा।'

बेबी दीदी मेरी तरफ देखती हुई पूछतीं- 'तू आगे बैठेगा या पीछे ?'

मैंने थोड़ा हंसकर जवाब दिया- 'तुम मुझे साइकिल पर बिठाकर कितनी दूर जा पाओगी ?'

उसने व्यंग्यभरी हंसी हंसते हुए कहा- 'अगर तुझे अपने घरवालों की परमिशन मिल जाती है, तो शंख नदी क्या, मैं तुझे साइकिल पर बिठाकर और भी कई जगह घुमा सकती हूं।'

बेबी दीदी मुझे सिर्फ शंख नदी के किनारे पर ही नहीं और भी कई जगह लेकर गई थी। मशहूर रनकीनी के मंदिर भी पहली बार मैं उनके साथ ही गया था।

मैं बेबी दीदी का आदर करता था और मैं उसे चाहता भी था। हंसते-हंसते जीवन युध्द में जीत हासिल करने लायक मानसिक शक्ति भी उसके अंदर थी... इसीलिए तो मैं उसे पसंद करता था।

वह बेबी दीदी विधवा हो गईं ? सोचकर ही मेरा दिल दुःखी हो उठता है।

मैं डॉक्टर बन गया हूं। पिछले नौ सालों में मैंने अपनी आंखों से कितने जन्म, कितनी मृत्यु देखी हैं... उनका कोई हिसाब-किताब नहीं है। इससे पहले मैं अपने पिताजी की मृत्यु भी देखी है। मैं यह बात अच्छी तरह से जानता हूं, मौत एक-न-एक दिन हर किसी की जिंदगी में जरूर आयेगी। इस दुनिया में हर इंसान को एक-न-एक दिन मौत की आगोश में खो जाना है। मृत्यु के हाथ से मुक्ति नहीं है... लेकिन फिर भी अपनो को खोकर हम सभी को दुःख होता है। हम सभी शून्यता की जलन महसूस करते हैं और अगर कोई समय से पहले इस दुनिया को छोड़ कर चला जाता है, तो वह दुःख सच में सहन नहीं होता है।

❑❑❑

मैंने गहरी सांस छोड़ते हुए कहा- 'मां! बेबी दीदी क्या अभी भी मोसबनी में ही हैं।'

'नहीं, उसके भईया और भाभी उसे दक्षिण भारत घुमाने के लिए ले गए हैं।'

'अच्छा ही किया है... लेकिन मीनाक्षी, रामेश्वरम का मंदिर देखकर क्या बेबी

दीदी के दिल को शांति मिलेगी ?'

इस बार मां गहरी सांस छोड़ती है। उसके बाद मां ने कहा– 'पति को खो देने का दुःख क्या होता है... मुझसे बेहतर और कौन जानता है ? उस बेचारी ने तो इतनी कम उम्र में ही अपने पति को खो दिया... उसका दुःख और सभी के दुःखों से हजार गुना ज्यादा है।'

उन्होंने पल भर के लिए रुककर कहा– 'फिर भी जीना तो पड़ता ही है।'

'हां... हजार दुःख, कष्ट झेलने के बावजूद इंसान को जीना तो पड़ता ही है... लेकिन उसके अंदर का सूनापन दूर नहीं होता है।'

अचानक भाभी ने कहा– 'छोटू भईया, अमिय चाचा की लड़की पुतुल दीदी कुछ दिन पहले ही हमारे यहां घूमने के लिए आई थीं।'

मैंने थोड़ा मुसकराकर पूछा– 'पुतुल दीदी अभी भी पहले जैसी ही सुंदर हैं ?'

भाभी ने हंसकर जवाब दिया– 'पुतुल दीदी का चेहरा तो पहले जैसा ही सुंदर है... लेकिन शादी के बाद शरीर काफी मोटा हो चुका है।'

मां ने कहा– 'पुतुल अब मोटी जरूर हो गई है, लेकिन उसका चेहरा, बोल-चाल पहले जैसा ही मीठा है।'

मां ने पलभर रुकने के बाद कहा– 'पुतुल से मिलकर मुझे बहुत ही खुशी मिलती है।'

मैंने दबी हुई हंसी हंसकर पूछा– 'मां! तुलि दीदी का क्या हाल-चाल है ?'

'तुलि तो शादी के बाद चेन्नई चली गई है।'

मैंने हंसते हुए कहा– 'तुलि दीदी अगर लंदन, पैरिस या न्यूयार्क भी चली जाती, तो भी इसमें हैरान होने वाली कोई बात नहीं है।'

पलभर रुके रहने के बाद मैंने कहा– 'मैंने यहां, इसी मौभंडार या मोसाबनी में अब तक बहुत सारी लड़कियां देखी हैं... लेकिन तुलि दीदी जैसी डाइनैमिक, स्मार्ट और सोलह आना आत्मविश्वासी लड़की मैंने आज तक नहीं देखी।'

मां ने हंसते हुए कहा– 'मैं ने भी तुलि की जैसी लड़की अपनी जिंदगी में और नहीं देखी। इस मौभंडार के निर्देशक, जी. एम. से लेकर एक-एक माली, दरबान से भी वह एक समान व्यवहार करती थी।'

हम लोग इस तरह गप्पें मार ही रहे थे, लंच के समय बड़े भईया भी आ गए।

मुझे देखकर बड़े भईया भी चिल्ला उठे –'अरे, छोटू... तू।'

मेरे कुछ कहने से पहले ही बड़े भईया ने एक ही सांस में कह डाला–'स्टील एक्सप्रेस से आया है तू ? पहले से खबर क्यों नहीं दी ? खबर मिलने पर मैं स्टेशन पर

तुझे रिसीव करने के लिए आता। तेरी तबीयत ठीक है ना?'

मैंने बड़े भईया की बातों का कोई जवाब न देकर भाभी की तरफ देखकर दबी हंसी हंसकर कहा-'जयंती देवी। जरा देखो तो, तुम्हारे पतिदेव मुझे तुमसे कितना ज्यादा प्यार करते हैं।'

मां ने हंसते हुए कहा -'अच्छा... तू हर वक्त बहू को क्यों छेड़ता रहता है?'

'तुम्हारी बहू अगर अच्छी होती, तो मैं इसे कभी नहीं छेड़ता।'

भाभी ने तुरंत प्रतिवाद करते हुए कहा-'छोटू भईया। तुम्हारा नसीब बहुत ही अच्छा है, जो तुम्हें मुझ जैसी भाभी मिली है।'

'मेरे नसीब को छोड़ो। मैं बड़े भईया की बदनसीबी को लेकर ज्यादा चिंतित हूं।'

मेरी बातों पर सभी हंस उठे।

बड़े भईया ने खाना खाते-खाते कहा -'मां। छोटू तो मीट ज्यादा पसंद करता है। आज रात को मीट बनाना। मैं छुट्टी के बाद बाजार से मीट लेता आऊंगा।'

'ठीक है।'

मां ने तुरंत कहा -'तुम लोग रात को चावल खाओगे या मीट के साथ पराठें खाओगे?'

मैंने कहा -'मेस में तो चावल मिल जाते हैं... लेकिन पूड़ी या पराठां खाने को नहीं मिल पाता है।'

भाभी ने कहा -'मां जी, आप परांठे बनाना और मैं मीट...।'

भाभी को अपनी बात खत्म करने का मौका ना देकर मैंने कहा-'मां। तुम्हें तो पता है कि, मैं सभी के हाथ का बना हुआ खाना नहीं खाता हूं।'

मेरी बातों पर फिर से सभी हंस उठे।

हंसी थमने पर थोड़ी देर बाद बड़े भईया ने पूछा -'अच्छा छोटू। तेरा काम-काज सब कैसा चल रहा है?'

'चल रहा है किसी तरह।'

'दो-चार साल अस्पताल में नौकरी करने के बाद क्या तेरा प्राइवेट प्रैक्टिस करने का इरादा है?'

'बहुत ही मशहूर डॉक्टर न होने पर कोलकाता में प्राइवेट प्रैक्टिस जमाना लगभग नामुमकिन है।'

'लेकिन तूने तो एम.डी. पास किया है?'

मैंने थोड़ा मुसकराकर जवाब दिया-'बड़े भईया। हमारे जैसे एम.डी., एम.एस. इसी कोलकाता में ढूंढने पर हजारों मिल जायेंगे। हमारे लिए नौकरी करने के अलावा

और कोई चारा नहीं है।'

इसी तरह बातें करते हुए हम दोनों खाना खाते हैं। खाना खाने के बाद बड़े भईया और एक पल भी नहीं रुकते हैं। तुरंत ही दफ्तर के लिए रवाना हो जाते हैं।

स्टील एक्सप्रेस से आने के कारण मुझे रात खत्म होने से पहले ही नींद से जगना पड़ा था। सो, मैं खाना खाकर सो गया।

शाम को घर से बाहर नहीं निकला। मां, बड़े भईया और भाभी के साथ गप्पें मारकर ही समय गुजार दिया।

रात को मैं और बड़े भईया खाना खाने बैठे। मां और भाभी डाईनिंग टेबल के पास खड़ी होकर हम दोनों को खाना परोस रही थीं। थोड़ी देर इधर-उधर की बातें होने के बाद मैंने सभी को सुनाकर कहा- 'मुझे एक अच्छी नौकरी मिल गयी है।'

मां और बड़े भईया के कुछ कहने से पहले ही भाभी ने कहा-'छोटू भईया। तुम्हें कौन-से अस्पताल में नौकरी मिली है?'

'कोल इंडिया के मार्घेरिटा अस्पताल में।'

बड़े भईया और मां ने लगभग एक साथ ही पूछा- 'मार्घेरिटा... वह कहां पर है?'

'आसाम में।'

मां ने कहा- 'मुझे तो यह पता था कि, सभी कोयला खाने रानीगंज, झरिया इलाके में ही हैं! असम में फिर कोल इंडिया का अस्पताल कैसे आ गया?'

मैंने मां की तरफ देखकर मुसकराकर कहा -'मां। तुम्हें शायद यह पता नहीं है कि, भारत के लगभग 8-10 राज्यों में कोयला खानें हैं।'

मां ने सिर हिला कर कहा-'नहीं... मुझे यह बात पता नहीं थी।'

भाभी ने पूछा-'वह जगह क्या गुवाहाटी के आस-पास ही है?'

'नहीं... गुवाहाटी से बहुत दूर है।'

बड़े भईया ने पूछा -'वह क्या इस्टर्न कोल फील्डस् के अधीन है?'

'नहीं, बड़े भईया। वह नार्थ-इस्टर्न कोल फील्डस् के अधीन है।'

'यह मार्घेरिटा जगह कहां पर है? कैसे जाना होता है?'

'वह जगह तिनसुकिया जिले में है। हवाई जहाज से डिब्रूगढ़ होकर जाना पड़ता है।'

'डिब्रूगढ़ से मार्घेरिटा कितनी दूरी पर है?'

'शायद 80 किलोमीटर।'

'मतलब काफी दूर है?'

'हां।'

खाना खाते-खाते ही बातें चलती रहती हैं।

बड़े भईया ने पूछा- 'इस्टर्न कोलफील्डस् के किसी भी अस्पताल में क्या कोई जगह खाली नहीं थी?'

'इसके बारे में मुझे कुछ पता नहीं है।'

मां ने कहा -'तू इतनी दूर क्यों जा रहा है? क्या तुझे कोलकाता या जमशेदपुर के किसी अस्पताल में नौकरी नहीं मिल सकती?'

'अभी तक तो नहीं मिली; भविष्य में मिलेगी या नहीं, यह मैं अभी से कैसे कहूं?'

थोड़ी देर रुकने के बाद मैंने फिर से कहा -'कोलकाता के किसी अस्पताल में नौकरी करने पर मुझे जितनी तनख्वाह मिलेगी, उससे कई गुना ज्यादा मार्घेरिटा में मिलेगी।'

बड़े भईया ने तुरंत कहा -'तुझे बंगला तो जरूर मिलेगा?'

'हां।'

'छुट्टी पर घर आने के लिए हवाई जहाज का किराया भी शायद वे लोग ही देगें?'

'हां।'

भाभी ने पूछा -'वे लोग जरूर मेरा किराया भी देंगे?'

मेरे मुंह से निकल गया -'तुम्हारा नहीं देंगे... लेकिन तुम्हारी बहन का जरूर देंगे।'

मेरी बातें सुनकर सभी को हंसी आ गई।

खाना खत्म होते ही बड़े भईया ने पूछा -'तो तुझे कब ज्वाइन करना पड़ेगा?'

'अगले महीने की एक तारीख को।'

मां ने कहा -'इसका मतलब है, तुझे कुछ ही दिनों में यहां से रवाना होना पड़ेगा?'

'भाभी ने शादी में अपनी छोटी बहन को देने की बात कहकर तार भेजा था... फिर भी जब उससे मेरी शादी नहीं करा रही हैं... तो मेरा ज्यादा दिन के लिए यहां रुकने से क्या फायदा?'

भाभी ने दबी हुई हंसी हंसते हुए कहा -'देखो छोटू भइया... मुझे गुस्सा न दिलाओ। तुम्हें आधा साम्राज्य और राजकुमारी मिलेगी... यह क्या मुझे पता नहीं है? मुझे गुस्सा दिलाओगे, तो मैं खफा होकर सबके सामने तुम्हारी पोल खोल दूंगी।'

मैंने भी हंसते हुए कहा -'जिस देश में कोई राजा ही नहीं है, उस देश में राजकुमारी कहां से आयेगी?'

मैं नौकरी करने इतनी दूर जा रहा हूं, इसलिए मां का दिल भारी हो उठा है। रात को अगल-बगल दो पलंग पर लेट कर हम दोनों ने बहुत सारी बातें कीं। बहुत देर

तक सलाह-मशवरा करने के बाद मां ने एक गहरी सांस छोड़कर कहा -'देख... तू अब बड़ा हो गया है। एम.बी.बी.एस पास करने के बाद एम.डी भी कर ली है। तू मेरे पल्लू के नीचे रहेगा, ऐसा मैं नहीं चाहती हूं... आशा भी नहीं करती, फिर भी तेरे हम सभी को छोड़कर इतनी दूर चले जाने पर हम सब काफी चिंतित रहेंगे।'

मैंने मुसकराकर कहा -'सुनने में इतनी दूर जरूर लगता है... लेकिन सिर्फ दो घंटे में डिब्रूगढ़ से कोलकाता आया जा सकता है।'

थोड़ी देर रुककर मैंने कहा -'मैं अगर मालदह या बालूरघाट के किसी अस्पताल में नौकरी करता, तो मुझे कोलकाता पहुंचने में कम-से-कम दस-बारह घंटे तो जरूर लग जाते।'

'मैं समझ सकती हूं। लेकिन वहां एक बार जाने के बाद क्या तू जब-तब कोलकाता आ पायेगा?'

'मां! किसी भी नौकरी को करने पर जब-तब घर नहीं आया जा सकता। फिर भी, मैं तुम्हें वचन देता हूं, हर दो-तीन महीने बाद ही तुम्हारे पास जरूर आऊंगा।'

इसके बाद और कुछ देर तक बातें करने के बाद एक समय जब मैंने देखा कि, मां कुछ नहीं कह रही है... तब मैंने एक बार के लिए सोचा, मां शायद सो गयीं हैं। मैंने कहा -'मां... सो गयीं क्या?'

मां ने 'हां' या फिर से 'ना'... कुछ न कहकर सिर्फ इतना ही कहा -'हूं'।

मां की आवाज सुनकर ही मुझे पता चल गया कि, मां रो रही है। जल्दी से मां के पास गया और मां के आंसू पोंछ दिये। उसके बाद मैंने कहा -'मां। तुम रो क्यों रही हो? मैं क्या तुम्हें छोड़कर हमेशा-हमेशा के लिए जा रहा हूं?'

'मैंने ऐसा क्या पाप किया है, जो तू मेरी कोख से जन्म लेने के बाद भी मुझे छोड़कर हमेशा के लिए चला जाएगा?'

अचानक मां ने एक तरफ हटकर कहा -'तू इस तरह कितनी देर तक बैठा रहेगा। जा... अपने बिस्तर पर लेट कर बातें कर।'

मेरे अपने पलंग पर न जाकर मां के पास ही लेट जाने के बाद मां ने मेरे सिर पर, चेहरे पर हाथ फिराते हुए कहा -'तेरे वहां चले जाने के बाद तेरे खाने-पीने का क्या इंतजाम होगा? किसी मेस में खायेगा या किसी होटल में? अच्छा, वे लोग तुझे अस्पताल से कितनी दूरी पर बंगला देंगे? तू तो अपने हाथों से एक प्याली चाय भी नहीं बना पाता है। वहां कौन तुम्हें चाय-नाश्ता बना कर देगा? वहां तो बहुत ज्यादा ठंड भी पड़ती है और तेरे पास तो अच्छे गर्म कपड़े भी नहीं हैं।'

और भी कई सवाल करती रही मां। कुछ सवालों का जवाब मैं दे पाया, कुछ का

नहीं दे पाया।

इसके बाद कुछ देर हम दोनों में से किसी ने भी कुछ नहीं कहा और हम दोनों चुप रहे। धीरे-धीरे मेरी पलकें भारी होने लगी। दस-पंद्रह मिनट में ही मैं सो गया... लेकिन नींद गहरी होने से पहले ही अचानक मेरी नींद टूट गई। मैंने अपनी आंखें खोल कर देखा, मां ने मुझे अपनी सीने के पास खींच लिया है और मेरे गालों पर और सर पर चुम्मा देते हुए अपने ही मन में कह रही है -'मेरा बेटा राजा बेटा है। इसे लाख प्यार करने पर भी मेरा दिल नहीं भरता है।'

मैंने किसी तरह हंसी के ऊपर नियंत्रण रखा।

थोड़ी देर चुप रहने के बाद मां ने फिर से एक बार मेरे सर पर चुम्मा देकर कहा- 'कुछ ही दिन पहले मेरा राजा बेटा पैदा हुआ था और आज एम.डी. हो गया। ऐसा राजा बेटा कितनी मांओं को नसीब होता है?'

इसी तरह और बहुत कुछ कहते-कहते मां मुझे प्यार करती रही। थोड़ी देर बाद मां के चुप होते ही मैंने आहिस्ते से मां के गालों पर एक चुम्मा दिया।

मां जोर से हंस उठी और मेरे गालों पर आहिस्ते से एक थप्पड़ लगाकर कहा - 'शैतान कहीं का... तू सोया नहीं?'

उसके बाद हम दोनों एक दूसरे से लिपट कर हंसने लगे।

कुछ देर बाद मां सचमुच सो गयी... लेकिन मेरी आंखों में नींद नहीं आयी। हमारे क्वार्टर के सामने महुआ के पेड़ के साथ लुका-छिपी खेलते हुए चांदनी हमारे कमरे के तरफ आ रही थी। फीकी चांदनी में मैं एकटक मुग्ध नजरों से मां के चेहरे की तरफ देखता ही रहा और मन-ही-मन पता नहीं क्या सोचता रहा। सोचता हूं, अटलांटिक महासागर की गहराई की भी एक सीमा है। इस धरती को एक बार घूम आने से आसमान की शुरुआत और अंत भी दिखाई देते हैं। सिर्फ मां की ममता ही एक ऐसी चीज है... जिसकी कोई सीमा नहीं होती है। हेमंत ऋतु की ओस की बूंद की तरह मां की ममता हमेशा ही अपनी संतान के कल्याण के लिए टूट पड़ती है। इस दुनिया में किसी साधू-संत या बाबा जी के पास नहीं... सिर्फ मां के पास ही मिलता है निःस्वार्थ प्यार। सिर्फ मां के पास ही अपने आपको समर्पित करने पर मन सुख से, खुशी से भर उठता है।

बाहर की दुनिया का किसी को कुछ भी पता ही नहीं है... लेकिन मैं जानता हूं कि, इतने दिनों के सपने टूट जाने पर मैं अपने अंदर किस तरह का कष्ट महसूस कर रहा हूं। दिल से भिखारी होकर ही मैं मौभंडार आया हूं, लेकिन मां की यह प्यार-ममता, मां का यह सानिध्य, उष्ण स्पर्श जैसे मुझे एक नई जिंदगी प्रदान करते हैं। मेरे

अंदर का रेगिस्तान जैसे फिर से हरियाली से भर उठा है।

बहुत दिनों के बाद मैं चैन की नींद से सो गया।

❑❑❑

अगले दिन मेरी नींद बहुत ही देर से खुली। आंखें खोलकर मैंने देखा, थोड़ी देर पहले ही बड़े भईया दफ्तर चले गए हैं।

चाय-नाश्ता करते-करते मैंने मां से कहा -'मां! मैं थोड़ा घूमकर आता हूं।'

'कहां जाएगा तू?'

'इसी मौभंडार का ही एक चक्कर लगाकर आता हूं।'

थोड़ी देर रुककर मैंने कहा -'सोच रहा हूं, आज शाम को मोसाबनी जाऊंगा।'

भाभी ने कहा -'वहां पर तुम्हारा कोई दोस्त है क्या?'

'सिर्फ प्रदीप्त को छोड़कर मेरा और कोई दोस्त हिन्दुस्तान कॉपर में नौकरी नहीं करता है... और प्रदीप्त भी आजकल कोलकाता में पोस्टेड है।'

'तो तू झूठ-मूठ मोसाबनी क्यों जा रहे हो?'

मैंने हंसते हुए कहा -'दोस्त अगर ना भी रहे, तो उन सबके माता-पिता तो हैं।'

थोड़ी देर रुकने के बाद मैंने फिर से कहा -'भाभी। तुम सुनकर हैरान हो उठोगी कि, बैनर्जी चाचा-चाची हर साल मेरे जन्म दिन पर मुझे कार्ड भेजते हैं। इसके अलावा गुप्ता चाचा-चाची, पार्थ भईया और जो-जो लोग वहां रहते हैं, वे सभी मुझसे बहुत प्यार करते हैं।'

मां ने थोड़ा हंसकर कहा -'तेरे बैनर्जी चाचा तो आजकल जी.एम. बन गये हैं।'

मैंने भी थोड़ा हंसकर कहा -'चाचा हमेशा चाचा ही रहते हैं। वे जनरल मैनेजर क्या, अगर किसी दिन चेयरमैन भी हो गये तो, फिर भी वे इसी तरह हंसमुख ही रहेंगे।'

'तुने ठीक ही कहा है।'

मां ने थोड़ी देर रुकने के बाद कहा -'अब पूजा के समय सिर्फ पूजा के पंडाल में ही मुलाकात होती है। वे आज भी पहले की तरह मुझे 'भाभी' कहकर बुलाते हैं... तुम लोगों का हालचाल पूछते हैं।'

इस तरह की बातचीत चल रही थी... अचानक एक गाड़ी हमारे क्वार्टर के सामने आकर रुकी। भाभी ने खिड़की से झांककर कहा -'मां... तुम्हारा बड़ा बेटा और भी कई लोगों को लेकर...।'

भाभी की बात खत्म होने से पहले ही बड़े भईया डोर बेल न बजाकर बाहर से चिल्ला उठे -'मां... दरवाजा खोलो।'

मां के दरवाजा खोलने के लिए·आगे बढ़ते ही मैं और भाभी भी आगे बढ़ गए।

मां के दरवाजा खोलते ही बड़े भईया के साथ-साथ कुंडू चाचा, वर्मा अंकल, घोष चाचा और अखिल भईया लगभग एक ही साथ अंदर आ गए। बाकी लोगों के कुछ कहने से पहले ही कुंडू चाचा ने हंसकर, पान-तंबाकू की कृपा से मल्टीकलर दांतों को निकालकर, मुझे दोनों हाथों से पकड़कर कहा -'मुझे आज ही पता चला कि, तुम एम.डी. पास करके बड़े डॉक्टर बन गए हो। छोटू... यह खबर सुनकर मुझे कितनी खुशी मिली है... मैं तुम्हें नहीं बता पा रहा हूं।'

इस बार कुंडू चाचा ने अपने दोनों हाथों से मेरा हाथ पकड़कर मेरी आंखों में आंखें डालकर कहा -'लग रहा है, कुछ दिन पहले ही तो तुम मेरी गाड़ी मैं बैठकर जमशेदपुर लोयोला स्कूल पढ़ने के लिए जाते थे... और आज... ?'

वर्मा अंकल ने काफी ऊंचे स्वर में मां से कहा -'मौसी जी। अभी-अभी थोड़ी देर पहले ही हमें पता चला है कि, छोटू कल यहां आया है। दिस इज वैरी बैड। आपके बड़े बेटे ने बहुत बड़ी गलती की है।'

उन्होंने एक ही सांस में मेरी तरफ देखकर कहा -'छोटू, तुम आज रात का खाना मेरे घर पर खाओगे।'

अखिल भईया ने साथ-ही-साथ कहा -'छोटू। अगर आज रात को तुम वर्मा के यहां जा रहे हो, तो कल रात का खाना तुम मेरे घर पर खाना।'

घोष चाचा ने दबी हुई हंसी हंसते हुए कहा -'मैं तो यह सोच रहा था कि, कल छुट्टी के बाद छोटू को साथ लेकर मैं झाड़ग्राम जाऊंगा। फिर परसों सुबह...।'

मां ने थोड़ा हंसते हुए कहा -'छोटू अगर रोज ही तुम लोगों के घर खाना खाने के लिए जाएगा... तो मैं...।'

मां को अपनी बात खत्म करने का मौका न देकर वर्मा अंकल ने कहा -'मौसी जी। आप छोटू को दोपहर को खाना खिलाना। छोटू हिन्दुस्तान कॉपर में नौकरी भी नहीं करेगा... हमारे घर का खाना भी नहीं खायेगा, ऐसे कैसे हो सकता है, मौसी जी ?'

इतनी देर तक सभी की बातें सुनने के बाद इस बार मैंने कहा -'मैं यह सोच रहा था कि, आज शाम को मैं मोसाबनी जाऊंगा... कुछ लोगों से मिलने के लिए।'

वर्मा अंकल ने कहा -'तो जाओ... तुम्हें रोक कौन रहा है ? मैं अपना स्कूटर तुम्हें दे देता हूं... रात नौ-साढ़े नौ के अंदर तुम मेरे घर पर चले आना।'

बड़े भईया ने कहा -'छोटू! तेरे आने की खबर सुनकर कुमार साहब ने शाम को तुझे साथ लेकर उनके बंगले पर आने के लिए कहा है।'

'कुमार साहब क्या अभी यहां पर रहते हैं ?'

मेरे सवाल के जवाब में सिर्फ बड़े भईया ही नहीं और भी दो-तीन जन एक साथ कह उठे -'कुमार साहब ही हम सभी के बॉस हैं। '

मैंने थोड़ा मुसकराकर कहा -'बैनर्जी अंकल से मैंने गोल्फ खेलना सीखा था और मोसाबनी में रहते समय कुमार साहब ने मुझे बिलियर्ड खेलना सिखाया था।'

मैंने थोड़ी देर रुककर कहा -'सच में, कुमार साहब की कोई तुलना नहीं है।'

❑❑❑

क्या करूं? इतने सारे लोगों के आंतरिक प्यार को मैं अनदेखा नहीं कर पाया। सुबह-शाम किसी-न-किसी के घर पर जाता हूं... खाना खाता हूं और हर रोज दो-तीन घंटे इसी मौभंडार के रास्तों पर घूमता रहता हूं।

डायरेक्टर के बंगले के पोर्टिको से लॉन पर पांव रखते ही मैंने देखा, दोनों तरफ के दोनों मादागास्कार पाम के पेड़ काफी बड़े हो चुके हैं। रास्ते के किनारे जंगली जलेबी के पेड़ को देखकर मैं ठिठक कर रुक गया। मैं मन-ही-मन सोचता हूं, इस पेड़ का फल थोड़ा-थोड़ा जलेबी की तरह ही दिखता है और इसी कारण इसी पेड़ का नाम 'जगंली जलेबी' हो गया? बड़े मजे की बात है। त्रिपाठी अंकल से जब मैंने इस पेड़ के नाम के बारे में पहली बार सुना था, उस समय मेरी हंसी रुकने का नाम ही नहीं ले रही थी। हंसते-हंसते मैंने त्रिपाठी अंकल से पूछा था -'अच्छा, अंकल... यहां पर रसगुल्ला-गुलाब जामुन नाम का भी कोई पेड़ है क्या?'

त्रिपाठी अंकल ने हंसकर भी जवाब दिया था- 'नहीं, बेटा.. रसगुल्ला या गुलाब जामुन नाम का कोई पेड़ यहां पर नहीं है।'

गेस्ट हाऊस के ठीक आगे एक कदम्ब पेड़ को देखकर बचपन में मैं सोचता था, शायद इसी पेड़ पर बैठकर ही किशन महाराज बांसुरी बजाया करते थे।

मौभंडार के रास्ते पर बहुत सारे महुआ के पेड़ हैं। शुक्ला अंकल और अमिय चाचा-कल्पना चाची के बंगले में तो हैं ही... और भी कई लोगों के बंगले में काजू के पेड़ भी हैं।

कुमार डूंगरी, तुमांग डूंगरी, बाबू लाईन, सी-बी टाईप ऑफिसर्स क्वाटर, जनरल ऑफिस एरिया, कॉपर क्लब, गेस्ट हाऊस, जी.एम., डी.जी.एम. लोगों के बंगले और डायरेक्टर्स बंगले, गोल्फ क्लब की चारों तरफ घूमते हुए और भी बहुत सारी यादें ताजी हो उठती हैं।

दुर्गापुर, चितरंजन, राऊलकेला जैसे कितने शहर फैक्ट्रियों को चारों तरफ बसाये गये हैं... वहां पर प्रकृति को अनदेखा करके ही इंसानों की जैविक जरूरतों की पूर्ति करने की कोशिश की गई है। घर के पास ही फैक्ट्री रहने के बाद भी मौभंडार के

लोगों को न सिर्फ रहने को जगह मिली है, बल्कि हरियाली के मेले में मन की खुराक मिटाने का मौका भी मिला है। इसी हरियाली के एक स्पर्श से ही यहां के लोगों के बीच एक रिश्तेदारी पनप उठी है।

बहुत ही मजे में एक हफ्ता बीत गया।

❑❑❑

कोलकाता वापस आने के दिन सुबह भाभी ने अचानक पूछा –'अच्छा, छोटू भईया। ईशानी का क्या हालचाल है?'

'मुझे नहीं पता।'

मैंने पल भर के लिए रुककर कहा –'मेडिकल कॉलेज छोड़ने के बाद पता नहीं कौन किधर चला गया?'

मैंने थोड़ा मुसकराकर कहा –'अब हर एक के दिमाग में सिर्फ रुपये कमाने की चिंता है।'

मां ने कहा –'तेरे साथ पढ़ने वाली सभी लड़कियों में से सिर्फ ईशानी ही मुझे सबसे अच्छी लगी थी।'

मैंने थोड़ा मुसकराकर कहा –'ईशानी सच में बहुत ही अच्छी लड़की है, इस बारे में कोई दोराय नहीं है।'

उसी दिन लगभग आधी रात को स्टील एक्सप्रेस में बैठकर मैं कोलकाता, अपने मेस में वापस आ गया।

॥ तीन ॥

सुबह जोगेन के बुलाने से मेरी आंख खुली। मेज के ऊपर चाय के प्याले रख कर उसने कहा-'इससे पहले भी दो-दो बार आपके लिए चाय लाकर वापस चला गया था। वह चाय तो ठंडी हो चुकी है... लेकिन आपकी नींद नहीं टूटी।'

मैंने करवट लेकर कहा- 'कल ट्रेन लगभग डेढ़ घंटे लेट थी... इसलिए साढ़े ग्यारह के बाद मैं मेस पहुंचा था।'

'मुझे भी ऐसा ही कुछ लग रहा था।'

जोगेन के पास खड़े होकर गप्पें मारने का बिल्कुल समय नहीं है। उसने कमरे के बाहर जाने के लिए पांव बढ़ाकर कहा- 'थोड़ी देर बाद आकर मैं फिर से चाय दे जाऊंगा। आपको बुलाने की कोई जरूरत नहीं है।'

मैंने चाय के प्याले का घूंट मारते हुए कहा- 'जोगेन! मैं अगले शुक्रवार को मेस छोड़कर जा रहा हूं।'

मेरी बात सुनकर जोगेन ठिठक कर रुक गया और उसने हैरान होकर मेरी तरफ देखकर पूछा- 'कहां जा रहे हैं आप?'

मैंने थोड़ा मुसकराकर जवाब दिया- 'नौकरी के लिए मैं यहां से बहुत दूर जा रहा हूं।'

'बहुत दूर... मतलब?'

जानबूझ कर मैंने उसे सच बात नहीं कही क्योंकि जोगेन हमारे मेडिकल एजेंट है। उससे कुछ कहने से वही बात घुम-फिरकर ठीक मानव भइया और ईशानी तक पहुंच जायेगी। इसीलिए मैंने जोगेन से कहा- 'मुझे दार्जिलिंग के एक चाय बगीचे में नौकरी मिल गयी है।'

मेरी बात सुनकर जोगेन कमरे से बाहर जा नहीं पाया। उसने आंखें बड़ी-बड़ी करके हैरान होकर पूछा - 'आप कोलकाता छोड़कर चाय बगीचे चले जायेंगे?'

मैंने मुसकराकर कहा- 'हां... लेकिन इसमें इतना हैरान होने वाली क्या बात है।'

'आप जैसे डॉक्टर कोलकाता छोड़कर चाय बगीचे में चले जायेंगे, यह बात मेरी समझ के बाहर है।'

मैंने गंभीर होकर कहा – 'अच्छा जोगेन। सभी डॉक्टर अगर कोलकाता में ही रहना चाहेंगे, तो बाहर के अस्पतालों में काम–काज कैसे चलेगा?'

'सो तो ठीक है, लेकिन फिर भी मेरा मन कहता है कि, आपने शायद सही फैसला नहीं लिया है।'

थोड़ी देर रुकने के बाद उसने कहा – 'मेरे बेटी के बच्चा होने के बाद से ही जब दिल की धड़कन और पैरों में जलन होने लगी थी, तब मानव भइया ने तरह–तरह की दवाइयां दी थीं... लेकिन कुछ फायदा नहीं हुआ और आपने सिर्फ फेरम सल्फेट खिलाकर मेरी बेटी को सोलह आने स्वस्थ कर दिया था।'

उसकी बातें सुनकर मैं हंस उठा। लेकिन मैंने मुंह से कुछ नहीं कहा।

जोगेन ने दबी हुई हंसी हंसकर कहा– 'देखिये, मैं पिछले 32 सालों से इस मेडिकल मेस में काम कर रहा हूं और कुछ भी ना हो लेकिन कौन डॉक्टर अच्छे हैं और कौन डॉक्टर खराब... इसकी पहचान मुझे है।'

मैंने मुसकराकर कहा– 'जाओ–जाओ... और एक कप चाय लेकर आओ।'

जोगेन ने चाय लाकर देने के बाद कहा– 'आप तो कहते थे कि, सौमित्र भइया, प्रदीप भइया, सुभश्री दीदी, ईशानी दीदी के जैसे चार–पांच डॉक्टर को साथ लेकर कोलकाता में ही एक नर्सिंग होम खोलेंगे... जहां पर कम खर्च में गरीब मरीजों का इलाज होगा। फिर...।'

मैंने हंसकर कहा– 'इंसान जो कुछ भी सोचता है, हर समय क्या वह सब सच होता है?'

मैंने पलभर के लिए रुककर कहा– 'अब तो हर इंसान नौकरी करके पैसा कमाने के चक्कर में घूम रहा है।'

दो–एक हफ्ते या दो–एक महीने नहीं, मेडिकल मेस की इस कमरे में लगभग आठ साल से हूं। इसी कमरे के साथ मेरी बहुत सारी सुख–दुःख की यादें जुड़ी हुई हैं। मैंने इसी कमरे में कई रातें जागकर पढ़ाई की है मैंने और एक–के–बाद–एक इम्तहान देकर एम.बी.बी.एस. की परीक्षा पास की है। फिर इसी कमरे में रह कर ही मैं एम.डी बना हूं और मुझे कोल इंडिया की नौकरी भी मिली।

सिर्फ इतना ही नहीं।

छोटी मौसी के बेलघरिया के मकान को छोड़कर मैं जिस दिन पहली बार इस कमरे में आया था, उसी दिन ही ईशानी से मेरा परिचय भी हुआ था।

❑❑❑

उस दिन इतवार था।

जिंदगी में इससे पहले मैं कभी होस्टल या मेस में नहीं रहा था। इसलिए पढ़ाई करने में आसानी होगी, यह सोचकर मेस में ठहरने के बावजूद मुझसे सीनियर लड़कों के आचरण देखकर मैं बड़ा ही बेचैन हो उठा। कुछ देर चुपचाप कमरे के अंदर बैठे रहने के बाद अचानक याद आया, सिध्दर्थ के घर घूमकर आऊं।

सिध्दार्थ के पिताजी खुद एक ऑफिसर होने के बावजूद मेरे पिताजी की बहुत इज्जत करते थे और मौसी जी तो मेरी मां की बहुत नजदीक की सहेली थीं। सिद्धार्थ की बड़ी दीदी बुलू दीदी को जादवपुर में इलेक्ट्रीकल इंजीनियरिंग में चांस मिलने के बाद ही मौसा जी कोलकाता ऑफिस में तबादला लेकर चले आये थे। बुलू दीदी मुझे बहुत ही प्यार करती हैं। सिद्धार्थ और मैं एक ही साथ लोयोला स्कूल में केजी से लेकर दसवीं कक्षा तक पढ़े हैं।

कोलकाता आने से पहले मां ने मुझे बार-बार आगाह किया था-'पढ़ाई का ज्यादा दबाव न रहने पर छुट्टी के दिन तुम मोनिका के घर चले जाना। बुलू और सिद्धार्थ के साथ बातें करके तेरा समय अच्छी तरह बीत जायेगा।'

कॉलेज स्ट्रीट के इस मेस से निकलकर डेढ़ घंटा सफर करने के बाद एकडालिया में सिद्धार्थ के घर पहुंचकर घर का काम करने वाली औरत से पता चला कि, वे लोग शांति निकेतन गए हैं।

वह औरत मुझे नहीं जानती थी। सो, उसने मुझे बैठने के लिए भी नहीं कहा, चाय के लिए भी नहीं पूछा।

थक-हार कर गड़ियाहाट के नुक्कड़ पर आकर मैं यह सोच रहा था कि, क्या किया जाये... कहां जाया जाये? मन-ही-मन सोच रहा था, इस इलाके में मौभंडार या मोसाबनी का जान-पहचान वाला कोई रहता है क्या?

ठीक उसी वक्त ईशानी आकर मेरे पास खड़ी हो गई। उसने मुसकराकर पूछा-'आप यहां क्या कर रहे हैं? आपका घर क्या इधर ही है?'

मैं खुशी से, हैरानी से एकटक कुछ पल उसकी तरफ देखता रहा। तुरंत ही कोई जबाव नहीं दे पाया।

ईशानी ने मुसकराते हुए फिर से कहा -'आपने मुझे नहीं पहचाना? मैं हूं ईशानी चौधरी। मैं भी तो आपके साथ ही...।'

अब तक मैंने खुद को संभाल लिया था। कहा -'इस समय यहां आप से मिलूंगा, यह मैंने सपने में भी नहीं सोचा था।'

उसने फिर से अपनी दुनिया जीत लेने वाली हंसी हंसकर कहा -'क्यों? यहां मुझसे ना मिलने का कोई कारण नहीं है...क्योंकि हम लोग तो डोवर लेन में ही रहते

हैं।'

उसने पल भर के लिए रुक कर कहा-'आप भी क्या इधर ही कहीं रहते हैं ?'

मैंने सिर हिलाकर कहा –'नहीं-नहीं। मैं इधर नहीं रहता हूं। आज ही छोटी मौसी के बेलघड़िया के मकान से कॉलेज स्ट्रीट के मेडीकल मेस में आया हूं।'

'आपका घर क्या कोलकाता के बाहर कहीं है ?'

'हां। हम मौभंडार में रहते हैं।'

'मौभंडार ?'

'हां।'

'बड़ा अच्छा नाम है।'

'आप कभी घाटशिला गई हैं ?'

'नहीं।'

'घाटशिला में जो कॉपर कॉम्पलेक्स है, उसी जगह का नाम ही मौभंडार है।'

'आप यहां कहां आये थे ?'

मैंने फीकी हंसी हंस कर कहा –'मेस में पांव रखते ही दो-चार सीनियर लड़कों ने ऐसी कुछ टिप्पणी की...।'

मुझे अपनी बात खत्म करने का मौका दिये बगैर ही ईशानी ने थोड़ा नाराज होकर कहा –'आप तो मर्द हैं। हमारे जैसे नयी लड़कियों को देखकर कुछ सीनियर स्टुडेंट्स ऐसी-ऐसी टिप्पणी करते हैं... जो मैं जुबान पर नहीं ला सकती।'

'मैं समझ सकता हूं। लड़के होकर भी मैं उन सबकी टिप्पणी सहन नहीं कर पाया और इसीलिए ही मैं अपने एक दोस्त से मिलने के लिए यहां आया था।'

'आपके दोस्त कहां हैं ?'

'उससे मैं नहीं मिल पाया। वो लोग शांति निकेतन गये हैं।'

ईशानी ने काफी जोर देकर कहा- 'और इसीलिए आप अकेले-अकेले यहां पर खड़े हैं ? चलिये... हमारे घर चलिये।'

विधाता पुरुष का अजीब मजाक देखकर मैं हैरान हो उठा।

❑❑❑

मेडिकल कॉलेज में हमारे पहले दिन की पहली क्लास थी एनाटोमी की। क्लास लेने के लिए आये मशहूर सर्जन डॉक्टर चौधरी।

उन्होंने लेक्चर थियेटर के अंदर पांव रखते ही हंस कर कहा –'माई डियर राइट यंग बयायज एंड गर्ल्स। एनाटोमी इज द साइंस, व्हीच डील्स विद द स्ट्रक्चर ऑफ द बॉडी बाई मीन्स ऑफ डिसेक्शन। लेकिन आज मैं एनाटोमी के बारे में एक भी शब्द

नहीं कहूंगा। आज तुम लोग सिर्फ एक-दूसरे को पहचानोगे... जानोगे।'

हमारा आपसी परिचय शुरू हुआ।

'सर! मैं हूं प्रदीप्त।'

'गुड।'

'सर! मैं हूं अमलेन्दू।'

'गुड।'

'मैं शैवाल हूं, सर।'

और दो-चार लड़कों के बाद एक लड़की खड़ी होकर बोली -'सर! मैं शहाना हूं।'

डॉक्टर चौधरी ने तुरंत टिप्पणी की-'यू आर टू ब्यूटीफुल, ए गर्ल टू बी ए डॉक्टर।'

शहाना सच में बहुत ही हसीन है, लेकिन लगता है, वह इस दुनिया से बहुत दूर की इंसान है। दूर से ही उसके सौंदर्य का उपभोग करने में मजा आयेगा। उसके साथ दोस्ती नहीं हो सकती। सीमाहीन सौंदर्य का नमूने ताजमहल को देखकर न जाने कितने शिल्पी, साहित्यिक, कवियों ने पता नहीं कितनी अमर रचनाओं की सृष्टि की है, आम इंसान ताजमहल को देखकर मुग्ध हो उठते हैं... लेकिन अगर वहां रहना पड़े, घर बसाना पड़े, तो शायद इंसान पागल हो उठेगा।

'सर! मैं शौभिक हूं।'

'सर! मैं सुमन हूं।'

'सर! मैं हूं ईशानी चौधरी।'

डॉक्टर चौधरी ने हंसते हुए कहा-'हे भगवान! मेरे क्लास में स्वयं मां दुर्गा!'

ईशानी! मैं मन-ही-मन बार-बार दोहराता हूं -'ईशानी-ईशानी-ईशानी।' उसे देखकर मैं सचमुच मुग्ध हो उठा। रंग थोड़ा-सा सांवला। दोनों आंखें उज्ज्वल लगता है, उसकी दोनों आंखें हर वक्त हंस रही हैं। सर पर लंबे घने काले बाल, पीछे की तरफ हल्का-सा जुड़ा बंधा हुआ है। एक ढाकाई जामदानी साड़ी पहनी हुई है। दाहिने हाथ पर घड़ी... बायां हाथ खाली। कुल मिलाकर ऐसी लावण्यमयी लड़की मैंने अपनी जिंदगी में इससे पहले कभी नहीं देखी। भविष्य में भी देखूंगा... मुझे ऐसा नहीं लगता।

क्लास में ईशानी को छोड़कर और भी कई लड़कियां हैं। हर एक लड़की काफी बुद्धिमान और हसीन भी है। लेकिन क्लास में बैठकर लेक्चर सुनते हुए, क्लास के बाद मेडिकल कॉलेज में इधर-उधर घूमते हुए मैं सिर्फ ईशानी को ही देखता रहता हूं।

मुग्ध होकर देखता हूं। उसे देखते-देखते पता नहीं, मैं अपने आप को कौन-सी दुनिया में खो बैठता हूं।

छोटी मौसी के मकान की तीसरी मंजिल की छत वाले कमरे में लेटे-लेटे आसमान की तरफ देखते हुए और ईशानी के ही बारे में सोचते हुए मैं अपने आपको खो देता हूं। फिर कुछ देर बाद ही उसका हसीन चेहरा फिर से देखने के लिए मन उतावला हो उठता है।

उसको लेकर मैंने न जाने कितने सपने देखे हैं, मन के अंदर क्या-क्या अरमान जाग उठते हैं... वह सब बातें मैं कभी भी किसी को कह नहीं पाऊंगा।

मेरी उस स्वप्न राज्य की मानस-प्रतिमा के साथ मेरी मुलाकात गड़ियाहाट के नुक्कड़ पर हो जायेगी और वह मुझे जबर्दस्ती अपने घर ले जायेगी... यह सब सोचकर ही मुझे हंसी आ रही है।

❑❑❑

डोवर लेन में घुसते ही ईशानी ने मेरी तरफ देखकर पूछा -'आप हंस क्यों रहे हैं?'

मैंने पल भर के लिए ठिठक कर उसकी आंखों में आंखें डालकर कहा -'सच बात बताने में मुझे शर्म आ रही है... लेकिन मैं आपसे झूठ भी नहीं कह पाऊंगा।'

मेरी बातें सुनकर उसे थोड़ा-बहुत मजा आता है और उसने हंस कर कहा-'ऐसी क्या बात है, जो आप शर्म के कारण कह नहीं पा रहे हैं?'

'प्लीज थोड़ा सब्र कीजिए। बाद में किसी दिन आपके सवाल का जवाब मैं जरूर दूंगा।'

ईशानी जिस मकान में रहती थी, वह मकान पुराने जमाने का एक दोमंजिला मकान था। मकान के आगे और चारों तरफ कुछ खाली जमीन, कुछ पेड़-पौधे भी हैं।

दो-तीन सीढ़ियां चढ़कर बरामदे पर आकर ही ईशानी ने मुसकराकर कहा-'दादा जी की बनाई हुई इस हवेली में हम लोग रहते हैं।'

'आप जो भी कहें, इस तरह के खुले मकान में रहने का मजा ही कुछ और है।'

काम करने वाली लड़की के दरवाजा खोलते ही ईशानी ने कहा -'राधा दीदी! मां को नीचे आने के लिए कहो।'

फिर उसने गर्दन घुमाकर पीछे की तरफ देखकर मुझसे कहा -'आइये... अंदर आ जाइये।'

कमरे के अंदर पांव रखते ही मैं यह समझ गया कि, चौधरी परिवार के पास पैसे की कोई कमी नहीं है... और साथ-ही-साथ उन लोगों की रुचि भी बहुत ही बढ़िया

है। विशाल पियानो देखकर मैं समझ गया कि, यह यंत्र इस परिवार का बहुत दिनों का साथी है।

ईशानी ने मुसकराकर कहा –'हां... आपने ठीक ही समझा है। यह पियानो इस मकान में दादा जी की जवानी में आया था। दादी मां हर रोज दादा जी को पियानो बजाकर सुनाती थीं।'

उसने थोड़ी देर रुककर कहा –'अभी भी दादी मां का पियानो बजाना सुनकर हम सभी लोग हैरान हो उठते हैं।'

'वे क्या अभी भी नियमित रूप से...।'

मुझे अपनी बात खत्म करने का मौका दिये बगैर ही ईशानी ने कहा –'नहीं, नहीं। अभी उनके पास इतनी क्षमता नहीं है। लेकिन, पिताजी के और हमारे जन्म दिन पर दादी मां अभी भी थोड़ा-बहुत पियानो बजाती हैं... नहीं तो उन्हें चैन नहीं मिलता।'

ठीक उसी वक्त ईशानी की मां ने ड्राइंगरूम में पांव रखा।

ईशानी ने कहा –'मां... इनसे मिलो। ये हैं सैकत। मेडिकल कॉलेज में मेरे साथ ही पढ़ते हैं।'

मेरे उनके पांव छूते ही उन्होंने मेरे सिर पर हाथ रखकर आशीर्वाद देते हुए मुसकराकर कहा–'तुम्हारे नाम के जैसे ही तुम देखने में भी बहुत ही सुंदर हो।'

उन्होंने पल भर के लिए रुक कर कहा –'तुम्हारा नाम *'सैकत'* किसने रखा?'

'मेरी मां ने।'

'तुम्हारे और सब भाई-बहनों के नाम क्या हैं?'

'मेरी कोई बहन नहीं है। हम दो भाई हैं। बड़े भईया का नाम सागर है।'

'वाह! सागर और सैकत।'

इस बार उन्होंने अपनी बेटी की तरफ देखकर कहा –'सैकत से तेरी मुलाकात कहां हुई?'

ईशानी ने संक्षेप में मेडिकल में से दोस्त के घर आने का कारण बताकर कहा– 'गड़ियाहाट के नुक्कड़ पर इन्हें खड़ा देखकर मैं अपने साथ यहां पर लेकर आई।'

ईशानी की मां ने कहा –'तुमने अच्छा ही किया है।'

फिर उन्होंने मेरी तरफ देखकर कहा –'दोपहर का खाना शायद तुमने अभी तक खाया नहीं होगा?'

मैंने कहा –'नहीं, नहीं... मैंने खाना खा लिया है। छोटी मौसी के घर से खाना खाकर ही सामान वगैरह लेकर मेस में आया था।'

'इसका मतलब, तुमने बहुत सुबह खाना खाया है। चलो... ऊपर चलो।'

मौसी जी ने जीना चढ़कर ऊपर की तरफ जाते हुए ईशानी से कहा –'टुसिया। तू सैकत को अपने कमरे में लेकर जा।'

दूसरी मंजिल पर आते ही मौसी जी बांयी तरफ चली गयीं और ईशानी के मुझे साथ लेकर दाहिने तरफ पांव बढ़ाते ही मैंने मुसकराकर पूछा –'घर पर शायद सभी आपको *'टुसिया'* कह कर पुकारते हैं?'

उसने मेरी तरफ देखकर मुसकराकर कहा –'हां।'

'वाह! आप दिखने में जितनी सुंदर हैं, आपका नाम भी उतना ही प्यारा है।'

'दादी मां का दिया हुआ नाम जो है। इसलिए ...।'

ईशानी ने अपनी बात को अधूरा छोड़कर ही कहा –'चलिये... सबसे पहले आपको दादी मां से मिलाती हूं।'

'हां, हां... चलिये।'

वृद्धा के कमरे के अंदर पांव रखते ही मैं ठिठक कर रुक गया। मुग्ध नजरों से मैं चारों तरफ देखता रहा। वृद्धा को एक नजर देखकर ही ऐसा लगा कि, बुढ़ापे का भी एक अनुपम सौंदर्य होता है। इसी सौंदर्य के आगे जवानी की रोशनी भी फीकी पड़ जाती है। यह सौंदर्य देखकर एक निष्पाप बच्चे का माधुर्य याद आ जाता है।

ईशानी के मेरा परिचय देते ही दादी मां ने खुशी की हंसी हंसकर मेरा हाथ पकड़ कर कहा –'आओ... मेरे पास आकर बैठो।'

मेरे उनके बगल में बैठते ही उन्होंने स्नेहपूर्वक मेरे सिर पर हाथ रखकर कहा– 'जानते हो, सैकत। मैंने एक किताब में पढ़ा था, दोस्ती सुख को दुगुना कर देती है और दुःख को आधा।'

मैंने थोड़ा हंस कर कहा –'दादी मां। आप तो बहुत अच्छी बातें करती हैं।'

वे इस बार जोर से हंस पड़ीं और कहा –'नहीं–नहीं, सैकत यह सब मेरी बातें नहीं हैं। आज तुम मेरे पास आकर बैठे हो... इसीलिए यह सब बातें मेरी ज़बान पर आ गईं।'

ईशानी ने हंसते हुए कहा –'दादी मां। तुम पहले दिन ही क्यों इसका सर खा रही हो?'

दादी मां ने मुसकराकर जबाव दिया –'टुसिया। क्या करूं? ये है लव एट फर्स्ट साईट।'

दादी मां की बातें सुनकर मैं और ईशानी दोनों ही जोर से हंस पड़े।

ठीक उसी वक्त मौसी जी दरवाजे के पास आकर खड़ी होकर दादी मां से मुखातिब होकर कहा –'मां, मैंने टेबल पर सैकत के लिए खाना लगा दिया है।'

दादी मां ने तुरंत मुझसे कहा –'जाओ, बेटा सैकत... जाओ। थोड़ा–बहुत मुंह में कुछ डाल लो।'

मैंने डायनिंगरूम में आकर कहा –'मौसी जी। यह सब आपने क्या किया? शाम के समय क्या इतना कुछ खाया जा सकता है?'

मौसी जी ने बहुत ही धीरे स्वर में कहा –'तुम कितनी सुबह बेलघड़िया से खाना खाकर निकले हो, उसका कोई हिसाब–किताब नहीं है। इसके अलावा आज तुम्हें मेस का खाना नहीं खाना पड़ेगा।'

'लेकिन...।'

ईशानी ने कहा –'इतनी लेकिन–परंतु क्यों कर रहे हैं आप? पहले बैठिये तो सही।'

मैं मौसी का अनुरोध टाल नहीं पाया। मीट और खीर के साथ काफी सारी पूरी खानी ही पड़ीं मुझे।

खाना खा लेने के बाद मैं ईशानी के कमरे में गया। कमरे के एक तरफ एक दीवान, दूसरी तरफ पढ़ने की मेज और कुर्सी, दो बुक शेल्फ। एक छोटी–सी स्टूल के ऊपर टेलीफोन रखा हुआ है। कमरे की चारों दीवारों पर ईशानी की दस–बारह तस्वीर लटक रही हैं।

वह सब तस्वीरें देखकर मैंने कहा –'वाह! तस्वीरें बहुत ही सुंदर हैं।'

'यह सब तस्वीरें मेरे पिताजी की खींची हुई हैं।'

'ही इज रियली ए गुड फोटोग्राफर।'

'हां! यह बात तो सौ प्रतिशत सही है कि, पिताजी बहुत अच्छी फोटो खींचते हैं।'

ईशानी पल भर के लिए रुकी... फिर उसने कहा –'पिताजी को दो ही शौक है... किताबें पढ़ना और तस्वीरें खींचना।'

'आपके पिताजी घर पर नहीं हैं?'

'नहीं... पिताजी यहां नहीं रहते। वे दुर्गापुर में रहते हैं।'

उसने थोड़ी देर रुके रहने के बाद कहा –'पिताजी पंद्रह साल नौकरी करने के बाद अभी खुद ही एक छोटी–सी फैक्टरी चलाते हैं। वे हर महीने दो–एक दिन के लिए कोलकाता आते हैं।'

'आपके और कोई भाई–बहन नहीं हैं?'

'हां... मेरा एक बड़ा भाई है।'

मेरे सवाल करने से पहले ही ईशानी ने कहा –'पिताजी की तरह बड़े भईया भी मैकेनिकल इंजीनियरिंग पास करने के बाद अभी फैक्टरी चलाने में पिताजी की मदद

कर रहे हैं।'

'आपके बड़े भईया की शादी हो गई है?'

'नहीं, अभी तक तो नहीं हुई है लेकिन बहुत जल्दी हो जायेगी।'

'आपके पिताजी और बड़े भईया... दोनों ही इंजीनियर हैं तो आप डॉक्टरी क्यों पढ़ने आयीं?'

'स्कूल में पढ़ते समय ही मैंने मन-ही-मन यह तय कर लिया था कि बड़ी होकर मैं डॉक्टर बनूंगी। नसीब अच्छा था, इसलिए ज्वाइन्ट एन्ट्रेंस देने के बाद मौका भी मिल गया।'

विदा लेने से पहले दादी मां के चरण स्पर्श करते ही उन्होंने मेरे सिर पर स्नेह-चुंबन देकर कहा -'सैकत। तुम बीच-बीच में जरूर आकर अपनी शक्ल दिखाकर जाना। मैं तुम्हें ज्यादा दिन बिना देखे नहीं रह पाऊंगी।'

मैंने दबी हुई हंसी हंसकर कहा -'दादी मां। आपके जैसे हसीन युवती से अगर मैंने ज्यादा मेल-जोल बढ़ाया, तो आपकी टुसिया कुछ शक तो नहीं करेगी न?'

'अरे... मोहब्बत और जंग में इतना कुछ सोचने से काम नहीं चलता।'

मौसी जी के चरण स्पर्श करते ही उन्होंने कहा -'जब भी समय मिले, सीधे चले आना।'

'हां, मौसी जी... जरूर आऊंगा।'

ईशानी ने गड़ियाहाट से मुझे बस में बैठा दिया। बस में चढ़ने से पहले उसने कहा- 'आपके आने के कारण आज की शाम काफी मजे में गुजरी। फिर आना।'

'सच में आऊं?'

'हां।'

'ज्यादा आवा-जाही क्या उचित होगी?'

'मेरी तरफ से कोई दिक्कत नहीं है।'

उसने पल भर के लिए रुक कर कहा -'हां... अगर आपकी तरफ से कोई दिक्कत न हो, तो बीच-बीच में जरूर आना।'

मैंने उससे हाथ मिलाकर कहा -'आज की इस शाम को मैं जिंदगी में कभी नहीं भूल पाऊंगा।'

❑❑❑

उच्चतर माध्यमिक कक्षा पास करने के पश्चात् डॉक्टरी पढ़ने के लिए आते ही सभी लड़के-लड़कियां जैसे रातों-रात बालिग हो उठते हैं। एम.ए-एम.एससी. या इंजीनियरिंग पढ़ने वालों में शायद ऐसा परिवर्तन नहीं आता है। डॉक्टरी पढ़ने के लिए

आने के बाद लड़के-लड़कियों में सभी तरह की दूरियां अपने आप खत्म हो जाती हैं... ऐसा स्वाभाविक है। काफी कुछ संकोच और शर्म दूर हो जाती है और इसीलिए, कुछ ही दिनों के अंदर ही मेरे और ईशानी के बीच दोस्ती काफी सहज और स्वाभाविक हो उठी।

उस दिन शुक्रवार था या शनिवार... अभी ठीक से याद नहीं आ रहा है। फीजियोलॉजी की क्लास खत्म होने के बाद मैं क्लासरूम से बाहर आ रहा था, ठीक उसी वक्त ईशानी ने आकर दबे स्वर में मुझसे कहा –'तुम लगातार दो इतवार हमारे घर नहीं गये हो और इसीलिए मां और दादी मां ने मुझे पागल बना दिया है।'

'क्यों?'

ईशानी ने मुसकराकर कहा –'तुम उन दोनों को इतने भा गये हो कि, दो हफ्ते तुम्हें ना देखकर वे लोग हांफ उठे हैं।'

मुझे कुछ कहने का मौका दिये बगैर ही ईशानी ने कहा –'अगले रविवार तुम कब आओगे? दोपहर को या शाम को?'

'नहीं-नहीं। दोपहर को नहीं आ पाऊंगा... शाम को ही आऊंगा।'

'हमारा घर पहचान पाओगे न?'

'जिस मकान में तुम रहती हो, उस मकान को मैं पहचान नहीं पाऊंगा... यह भी क्या संभव है?'

रविवार शाम को मैं ईशानी के घर गया। आज भी पहले दिन जैसे ही आदर-सत्कार, गप्पें और खाना-पीना हुआ। विदा लेने से पहले दादी मां के चरण स्पर्श करते ही उन्होंने अपने दोनों हाथों से मुझे अपने पास खींचकर मेरे कानों में कहा –'सैकत। तुम अगर किसी रविवार को नहीं आते हो, तो टुसिया कितनी दुःखी हो उठती है, तुम सोच भी नहीं पाओगे।'

मैंने हंसते हुए कहा –'अच्छा दादी मां। मेरे ना आने से आप दुःखी नहीं होतीं?'

ईशानी ने दरवाजे के पास खड़ी होकर पूछा –'तुम दोनों एक-दूसरे के कानों में क्या फुसफुसा रहे हो?'

दादी मां ने गंभीर स्वर में कहा –'हमारे बीच क्या प्राइवेट बातें हो रही हैं, वह हम तुझे क्यों बतायें?'

मेरे बाहर जाने के लिए पांव बढ़ाते ही दादी मां ने कहा –'सैकत! मैंने जो कुछ भी कहा, भूलना नहीं।'

मैं मुंह से कुछ न कहकर सिर्फ मुसकराकर वहां से निकल आया।

मौसी के चरण छूते ही उन्होंने कहा –'पूरे हफ्ते तो तुम मेस का खाना खाते हो,

कम-से-कम रविवार को एक टाइम मेरे हाथ का बना हुआ खाना खाया करो।'

उन्होंने पल भर के लिए रुक कर कहा- 'तुम्हारे आने से हम सभी का समय अच्छा बीत जाता है।'

मैंने कहा- 'मौसी जी! हर हफ्ते अगर ना भी आ पाऊं, फिर भी बीच-बीच में मैं यहां, आपके पास जरूर आऊंगा।'

मुझे बस में बैठाने के लिए ईशानी मेरे साथ आयी थी। रास्ते में उसने कहा - 'तुम्हारे आने से आज की शाम अच्छी बीती।'

'तुम लोगों के घर आकर मुझे भी खुशी मिलती है।'

❑❑❑

मेरा एक अनुमान पहले से ही था कि, डॉक्टरी या इंजीनियरिंग कोर्स में काफी मेहनत करनी पड़ती है। डॉक्टरी या इंजीनियरिंग पास करना कोई बच्चों का खेल नहीं है। लेकिन, मुझे यह नहीं पता था कि, डॉक्टरी पढ़ना कितना कठिन काम है, इसमें कितनी मेहनत करनी पड़ती है। मेडिकल कॉलेज में दाखिला लेने के कुछ ही दिनों के भीतर ही मुझे इस बात का अहसास हो गया कि, जी-जान से मेहनत ना करने पर डॉक्टर बनने का मेरा सपना कभी भी साकार नहीं होगा।

पहले दो साल में हमारा पाठ्य विषय था एनाटोमी, फीजियालॉजी और बॉयो-केमिस्ट्री। यानी इन्हीं दो साल में मानव-शरीर का गठन, उसकी स्वाभाविक कार्य शैली और मानव-शरीर की रासायनिक क्रिया-प्रतिक्रिया जाननी होती है। पहले-पहले ऐसा लगता था कि, समुद्र-मंथन भी शायद इससे आसान काम है।

पहले-पहले लाश काटने वाले कमरे के अंदर पांव रखते ही उल्टी आने लगती थी। जिस कमरे में दस-पंद्रह दिनों के बासी लाश कतार में पड़ी हुई हों, उस कमरे के अंदर घंटों उन सब लाशों को चीर कर मानव-शरीर का गठन का पता करते-करते हम सभी की हालत खराब हो उठती थी। कई दिनों तक तो मैं ठीक से खाना भी नहीं खा पाया था। उसके बाद आहिस्ता-आहिस्ता सब कुछ सह गया। उल्टा घंटों तक लाशें चीर कर मानव-शरीर का गठन-रहस्य पता लगाने में ही मजा आता था।

बाकी दो विषय भी याद करने में काफी मेहनत करनी पड़ती थी। अध्यापकों की दुआ से हम सभी यह समझ गये थे कि, जिसका एनाटोमी-फीजियोलॉजी-बायो केमिस्ट्री का ज्ञान जितना मजबूत होगा, वह आगे चलकर उतना ही अच्छा डॉक्टर बन पायेगा। इसके अलावा, इन तीनों विषयों में पास न होने से थर्ड ईयर में प्रमोशन भी नहीं मिलता।

सो, हम सभी को पढ़ाई में पूरे दिन काफी व्यस्त रहना पड़ता था। विश्वविद्यालय

के एम.ए. क्लास के लड़के-लड़कियों के जैसे हंस-खेल कर, रोमांस करके दिन बिताना हमारे लिए मुमकिन नहीं था। दिन के आखिर में कैंटीन में जाकर थोड़ा-बहुत हंसी-मजाक करके, थोड़ा-बहुत गप्पें मारकर ही हमें संतुष्ट होना पड़ता था।

लेकिन, इतनी व्यस्तता के बावजूद फलगू नदी की तरह लड़के-लड़कियों के बीच दिल लेना-देना चलता ही रहता है।

हर हफ्ते तो दूर की बात, कभी-कभी पूरे महीने में एक बार के लिए भी ईशानी के घर जाना मेरे लिए मुमकिन नहीं होता।

एक दिन क्लास खत्म होने के बाद ईशानी ने हंसते हुए मुझसे कहा- 'जानते हो, दादी मां क्या कह रही थीं?'

'क्या कह रही थीं?'

'दादी मां कह रही थीं- 'हां रे टुसिया। मेरा सैकत क्या किसी दूसरी लड़की के चक्कर में फंस गया है?'

मैंने थोड़ा मुसकरा कर कहा -'तो जवाब में तुमने क्या कहा?'

'मैंने कहा -'तुम्हारा सैकत किसी लड़की के चक्कर में फंस गया है या नहीं... यह मैं कैसे जानूं?'

'फिर?'

'फिर दादी मां ने एक गहरी सांस छोड़कर अपने ही मन में कहा- 'उस लड़के को लेकर मैंने अपने मन में बहुत सारे सपने सजाये थे।'

मैंने पूछा- 'दादी मां ने क्या-क्या सपने सजाये थे?'

'वह सब दादी मां ने भी नहीं बताये, मैंने भी नहीं पूछा।'

'ठीक है! अगले रविवार को मैं खुद दादी मां से पूछ लूंगा।'

फिर मैंने ईशानी के कान के पास अपना मुंह ले जाकर दबे स्वर में पूछा- 'तुमने तो कोई सपना नहीं देखा है न?'

ईशानी ने बिना किसी झिझक के जबाव दिया- 'क्यों नहीं देखूंगी? सपने देखने की यही तो उम्र है।'

उसने पल भर के लिए चुप रह कर मेरी आंखों में आंखें डालकर कहा- 'क्यों? तुमने कोई सपना नहीं देखा?'

मैंने कुछ पल उसकी तरफ एकटक नजरों से देखने के बाद कहा- 'हां... मैंने भी सपना देखा है। पहले दिन डॉक्टर चौधरी की क्लास में तुम्हें पहली बार देखने के बाद ही मैं पागल हो उठा था।'

'सच?'

'हां, ईशानी... मैं सच कह रहा हूं।'

'मुझ जैसी सांवली लड़की तुम्हें इतनी पसंद आई थी?'

'सिर्फ पसंद आई थी, इतना कहने से सब कुछ नहीं कहा जा सकता। ऐसा लगा था कि, तुम्हारे बिना इस दुनिया में मैं चैन से जी नहीं पाऊंगा। तुम अगर ना मिलीं, तो मैं जीते जी मर जाऊंगा।'

ईशानी चेहरा नीचे की तरफ करके पता नहीं क्या सोच रही थी। मैंने पूछा- 'तुम कुछ नहीं कहोगी?'

उसने मेरी तरफ देखकर मुसकराकर कहा- 'अगले रविवार जब तुम हमारे घर आओगे, तब मैं अपनी बात कहूंगी।'

अगले रविवार ईशानी ने मेरे सवाल का जबाव दिया था मुझे 'किस' करके।

उसके बाद उसने हंस कर कहा- 'मेरा जबाव पाकर तुम खुश तो हो ना?'

उसके बाद?

उसके बाद गंगा-यमुना नदी होकर पता नहीं कितना पानी बह गया। हम दोनों एक साथ हंसे हैं, एक साथ सपने देखे हैं। कभी सोचा भी नहीं था कि हमारे सारे सपने आंधी में टूटकर चूर-चूर हो जायेंगे। अच्छा, इंसान की जिंदगी में क्या हेमंत-बसंत ऋतु हमेशा के लिए स्थायी नहीं हो सकतीं? इंसानों को दुःख ना पहुंचाकर क्या विधाता पुरुष अपना आधिपत्य प्रकट नहीं कर पाते?

॥ चार ॥

डिब्रूगढ़ हवाई अड्डे पर खुद चीफ मेडिकल ऑफिसर मेरे स्वागत में खड़े रहेंगे, ऐसा मैंने सपने में भी कभी नहीं सोचा था। मैंने यह सोचा था कि, अस्पताल के कोई युवा डॉक्टर या दफ्तर का कोई क्लर्क गाड़ी लेकर आएगा।

मैंने कहा– 'सर! व्हाई डिड यू टेक दिस ट्रबल? यू कुड हैव...।'

मेरे बातों को बीच में काट कर डॉक्टर दास ने हंस कर साफ बंगाली में कहा– 'माई डियर सैकत। आप यहां मेरे कुलीग बनकर आये हैं। हवाई अड्डे पर आपको रिसीव करना मेरा फर्ज बनता है।'

गाड़ी की तरफ आगे बढ़ते हुए उन्होंने कहा– 'कोलकाता तो बहुत दूर की बात है, यहां तक कि गुवाहाटी या सिलचर मेडिकल कॉलेज से पास किये हुए लड़के-लड़कियां भी हमारे अस्पताल में काम करना पसंद नहीं करते हैं।'

'क्यों?'

'मार्घेरिटा ज्यादा बड़ा शहर जो नहीं है।'

डॉक्टर दास ने पल भर के लिए रुक कर मेरी तरफ देखा, फिर उन्होंने हंस कर कहा– 'मैं तो यह सोच रहा था कि, आप शायद आयेंगे ही नहीं।'

'इससे पहले क्या किसी ने आखिरी पल में अपनी डिवीजन बदल ली है?'

'एक नहीं... कइयों ने ऐसा किया है।'

लालबत्ती लगी हुई सफेद एंबेसेडर गाड़ी के नजदीक पहुंचकर उन्होंने कहा– 'डिब्रूगढ़ में मेडिकल कॉलेज है और इसीलिए हम यह अस्पताल चला पा रहे हैं।'

डिब्रूगढ़ आने के लिए जिंदगी में पहली बार मैं हवाई जहाज में बैठा। जिंदगी में पहली बार लालबत्ती वाली गाड़ी में बैठकर मार्घेरिटा के लिए रवाना हुआ। रास्ते में पार किया तिनसुकिया और दिगबोई। देखा अनगिनत चाय के बगीचे। कोलकाता की अखबारों में सब मशहूर कंपनी अपने चाय के विज्ञापन देती हैं, उन सबका बगीचा इसी इलाके में है... यह मैंने आज ही पहली बार जाना।

दिगबोई पार करने के थोड़ी देर बाद ही रास्ते की तरफ इशारा करके डॉक्टर दास

ने कहा- 'इधर ही हमारी टी पौंग कोलियरी है। वहां भी हमारा एक छोटा-सा अस्पताल है।'

कुछ ही मिनट बाद उन्होंने बायीं तरफ इशारा करके कहा- 'यह है हमारा जी.एम. ऑफिस।'

गाड़ी के और थोड़ा दूर आगे बढ़ते ही डॉक्टर दास ने दाहिने तरफ एक रास्ता दिखाकर कहा- 'सामने ही हमारा मुख्य अस्पताल है।'

अभी तक चुप रहकर सब कुछ सुनने के बाद इस बार मैंने पूछा- 'अब हम कहां जा रहे हैं ?'

'गेस्ट हाउस।'

थोड़ी देर रुक कर डॉक्टर दास ने कहा- 'आपके रहने के लिए क्वार्टर भी तैयार है, लेकिन वहां रहने के लिए आपको सारा इंतजाम करना पड़ेगा। दो-चार दिन आप गेस्ट हाउस में ही रह लीजिए। इस बीच, सब कुछ इंतजाम हो जाएगा।'

गेस्ट हाउस के आगे गाड़ी से उतरते ही मैंने मुग्ध नजरों से गेस्ट हाउस को देखा। किसी सरकारी अस्पताल का गेस्ट हाउस इतना सुंदर हो सकता है, यह मैंने कभी सोचा भी नहीं था। इसके अलावा, पूरा इलाका हरियाली से भरा हुआ है। कोयला खान का नाम सुनते ही रानीगंज-झरिया की जो मलिन, जो रूखी तस्वीर हम सभी के आंखों के सामने नाच उठती हैं, मार्घेरिटा ठीक उसके उल्टा है। अगर यहां पर बर्फ से ढंका हुआ कोई पर्वत होता, तो यह जगह दार्जिलिंग हो उठती।

दिल के अंदर बहुत सारे दुःख, हाहाकार, आंसू छुपे रहने के बावजूद शांतिपूर्ण हरियाली के सीने में आश्रय मिलने पर सच में बहुत अच्छा लगा।

खाना खाकर मैं लंबे समय के लिए सो गया। शाम होते-न-होते सी.एम.ओ. साहब और भी दो-तीन डॉक्टरों को साथ लेकर आ गये। मेरा डॉक्टर कलीता, डॉक्टर बरूआ और डॉक्टर हजारिका के साथ परिचय हुआ। डॉक्टर बरूआ को छोड़कर और सभी मुझसे उम्र में बड़े हैं... लेकिन सभी काफी दोस्ताना अंदाज से पेश आए।

हम सभी एक साथ बैठकर गप्पें मार रहे थे, इस बीच जनरल मैनेजर साहब भी आ गये। डॉक्टर दास के परिचय करा देने से पहले ही उन्होंने मेरी तरफ अपना दाहिना हाथ बढ़ाकर कहा- 'यस सैकत! वेलकम टु आवर ओन फैमिली। हमारे कोयला खान परिवार में आपका स्वागत है।'

मुझसे हाथ मिलाने के बाद उन्होंने पूछा- 'तुम क्या लोगे ? व्हीस्की, जिन या बीयर ?'

'सर! मैं शराब नहीं पीता।'

मेरी बात सुनकर वह जोर से हंस पड़े– 'अरे! कोयला खान में नौकरी करने से पहले हम भी शराब नहीं पीते थे।'

जी.एम. साहब ने मेरे कंधे पर एक हाथ रखकर कहा– 'माई डियर ब्रदर! इस दुनिया के नब्बे प्रतिशत लोग इस धरती के ऊपर ही घूमते रहते हैं, वे लोग धरती के ऊपर ही काम करते हैं। लेकिन, हमें काम करना पड़ता है धरती के अंधेरे पेट के अंदर और शायद इसीलिए, आम समाज के साथ हमारे संबंध बहुत ही कम हैं।'

उन्होंने एक गहरी सांस छोड़कर कहा– 'आप एक डॉक्टर हैं, फिर भी आपको उसी अंधेरी दुनिया के लोगों के साथ दिन बिताना पड़ेगा।'

इस बार उन्होंने मुसकराकर कहा– 'जानते हैं सैकत, इस सुनसान कोल माइंस के इलाके में दिन–दर–दिन, साल–दर–साल अगर रहना है, तो शाम के बाद दो–एक पैग व्हीस्की या रम पेट के अंदर डालने ही पड़ेंगे।'

सभी डॉक्टर हमारे पास ही खड़े थे। उन सभी की तरफ देखकर जीएम साहब ने हंसते हुए कहा– 'डॉक्टर्स! क्या मैं कुछ गलत कह रहा हूं?'

सभी लोग एक ही साथ कह उठे– 'नहीं सर... बिल्कुल नहीं।'

जी.एम. साहब ने स्वर ऊंचा करके कहा– 'तो फिर ले आओ व्हीस्की।'

पांच मिनट के अंदर बेयरा व्हीस्की, आईस बॅकेट, पानी और सोडा लेकर आ गया।

सी.एम.ओ. साहब ने सबसे पहले मेरे हाथ में व्हीस्की का ग्लास थमाकर पूछा– 'पानी या सोडा?'

मैंने थोड़ा मुसकराकर कहा– 'आप जो उचित समझें।'

उन्होंने खुद अपने हाथों से मेरे ग्लास में सोडा डाल दिया। बाकी लोगों ने भी अपना–अपना ग्लास उठा लिया।

जी.एम. साहब ने दाहिने हाथ में व्हीस्की का ग्लास ऊपर उठाकर कहा– 'सैकत के सुख और स्वास्थ्य के लिए। चीयर्स।'

'चीयर्स।'

मैंने जिंदगी में पहली बार व्हीस्की के ग्लास में घूंट मारा।

व्हीस्की के ग्लास में घूंट मारने के बाद एक सिगरेट सुलगा कर जी.एम. साहब ने पूछा– 'सैकत। क्या आप अविवाहित हैं?'

'हां, सर।'

'क्या यहां आप अकेले ही रहेंगे?'

'हां, सर... मैं अकेला ही रहूंगा।'

फिर से व्हीस्की का घूंट मारकर उन्होंने अपने ही मन में कहा– 'तो फिर आपकी देखभाल करने के लिए किसी अच्छे आदमी की जरूरत होगी।'

'सो तो होगी ही... लेकिन यहां पर काम करने के लिए आदमी मिलेगा?'

'अरे... आप बेफिक्र रहिये। हम सब इंतजाम कर देंगे।'

जी.एम. साहब ने सिगरेट का लंबा कश लगाकर सी.एम.ओ. साहब से पूछा– 'डॉक्टर दास। आपने क्या किसी से आदमी के लिए बात की है?'

'सर! मुझे तो यह पता नहीं था कि, वे अकेले आ रहे हैं या परिवार सहित...। इसीलिए...।'

उनकी बात को बीच में ही काटकर जनरल मैनेजर साहब गरज उठे– 'राणा... इधर आओ।'

एक मिनट के अंदर एक सुदर्शन युवक उनके पास आकर खड़ा हो गया। जी.एम. साहब ने उससे कहा– 'राणा! सैकत साहब के लिए खाना बनाने और घर की देखभाल करने के लिए किसी अच्छे आदमी का इंतजाम कर पाओगे?'

'हां, सर... हो जाएगा।'

'कब तक हो जाएगा?'

'सर... दो-तीन दिन का समय दीजिए।'

'ठीक है।'

उन्होंने थोड़ी देर रुक कर मुसकराकर कहा– 'राणा! याद रखना... अड़तालीस घंटे के अंदर अगर आदमी का इंतजाम न हुआ, तो मैं गोली से तुम्हारा सिर उड़ा दूंगा।'

राणा नाम के उस युवक ने हंसते हुए कहा– 'सर, मुझे लग रहा है कि, एक कारतूस बर्बाद करने का मौका शायद आपको नहीं मिलेगा।'

राणा की बातों पर वहां पर उपस्थित सभी लोग हंस दिये।

ग्लास की व्हीस्की खत्म होते ही बेयरा ने फिर से सभी के ग्लास भर दिये। सिर्फ मैंने कहा– 'नहीं-नहीं, मुझे और नहीं चाहिए।'

मेरी बात जी.एम. साहब के कानों में जाते ही उन्होंने कहा– 'सैकत! तुम कोई दूध पीते हुए बच्चे नहीं हो। कम-से-कम तीन पैग न पीने से हमारे क्लब की सदस्यता नहीं मिलती।'

'सर, आज पहला दिन है। इसलिए...।'

'तो क्या हुआ?'

बिना रुके ही उन्होंने एक ही सांस में कहा– 'सभी इंसानों को जिंदगी के अलग-अलग स्टेज पर आकर बहुत कुछ शुरू करना पड़ता है। आपने क्या डॉक्टरी पढ़ने से

पहले कभी सड़ी हुई लाश काटी है ? अभी आप बैचलर हैं... लेकिन शादी के बाद तो आपको अपनी बीवी को साथ लेकर एक ही बिस्तर पर सोना पड़ेगा।'

उनकी बातें सुनकर हम सभी हंसते हैं।

इस बार जी.एम. साहब ने सीरियस होकर कहा- 'नहीं-नहीं। यह हंसी की बात नहीं है। कभी-न-कभी हमें बहुत कुछ शुरू करना पड़ता है, एक समय खत्म भी करना पड़ता है। हम सभी को जिंदगी की इस वास्तविकता को मान लेना चाहिए।'

कहकर उन्होंने खुद मेरे हाथ में व्हीस्की का ग्लास थमा दिया।

इसी तरह गप्पें चल रही थीं...जनरल मैनेजर ने सी.एम.ओ. साहब से कहा- 'डॉक्टर दास। जब तक सैकत के क्वार्टर में सब कुछ चुस्त-दुरुस्त नहीं होता है... तब तक उन्हें किसी भी तरह की तकलीफ नहीं होनी चाहिए।'

'सर! मैं खुद देखभाल करूंगा।'

'गुड।'

उन्होंने पल भर के लिए रुक कर कहा- 'कल सैकत और आप सभी हमारे यहां डिनर पर आइये।'

डॉक्टर बरूआ ने मुसकराकर कहा- 'सर, सिर्फ कल ही क्यों ? आपके यहां हर रोज डिनर पर आने के लिए हम सब तैयार हैं।'

जी.एम. साहब ने तुरंत कहा- 'डॉक्टर दास। यह लड़का हसीन बीवी को पाकर काफी उस्ताद हो उठा है। इन दोनों की अलग-अलग जगह पर पोस्टिंग दे दीजिए।'

डॉक्टर दास ने हंसते हुए कहा- 'सर! डॉक्टर बरूआ की शादी अभी तीन महीने पहले ही हुई है। अभी उन दोनों की अलग-अलग पोस्टिंग करना उचित नहीं है।'

इसी तरह हंसी-मजाक, गप्पें और खाना-पीना करके मार्घेरिटा में मेरा पहला दिन काफी मजे से ही बीत गया।

सबसे अच्छा लगा, जनरल मैनेजर साहब को। मैं सोचता था, जनरल मैनेजर जैसे सीनियर ऑफिसर लोग कुछ ज्यादा ही सीरियस टाइप के होते हैं। हर वक्त वे लोग चिंतित दिखते हैं। वे लोग हंसना नहीं जानते हैं। किसी के साथ वे लोग दिल खोलकर बातें भी नहीं करते हैं। किसी के साथ खुल्लम-खुल्ला मिलते भी नहीं हैं। हर वक्त हर किसी के साथ काफी दूरियां रखकर चलते हैं वे लोग। सबसे ऊपर वे लोग अपने पद की मर्यादा ध्यान में रखकर चलते हैं। वे लोग काफी अभिमानी भी होते हैं। लेकिन मार्घेरिटा के जी.एम. साहब ठीक इसका उल्टा निकले।

जी.एम. साहब सिर्फ दिखने में अच्छे नहीं हैं, उनका शरीर भी सुगठित है। बदन का रंग ठीक गोरे साहब के जैसा है। दोनों आंखें जितनी गहरी हैं, उतनी ही उज्ज्वल

भी है। हर वक्त उनके चेहरे पर हंसी ही रहती है। किसी भी फिल्म में उदार-रसिक जमींदार के चरित्र में अगर वे अभिनय करते हैं, तो कोई भी यह नहीं कह पायेगा कि, वह उस चरित्र में फिट नहीं लगे। वे सज्जन जैसे दिल खोलकर हंसते हैं... ठीक वैसे ही अपनी उम्र और पद भूलकर सभी के साथ मिलते भी हैं।

जी.एम. साहब, सी.एम.ओ. और दूसरे डॉक्टरों के सान्निध्य में मेरी मार्घेरिटा की जिंदगी का काफी अच्छी शुरुआत हुई।

मार्घेरिटा का सेंट्रल अस्पताल देखकर तो मैं हैरान हो उठा। किसी अस्पताल में मरीजों की संख्या से बिस्तरों की संख्या ज्यादा हो सकती है, यह बात कम-से-कम हम जैसे पश्चिम बंगाल के डॉक्टरों की सोच से बाहर है। मेडिकल कॉलेज में पढ़ते समय दो-चार दोस्तों के रिश्तेदारों की बीमारी की वजह से बांकूड़ा मेडिकल कॉलेज अस्पताल और भी कुछ सरकारी अस्पतालों में जाकर जो नारकीय दृश्य देखा है, वह सब दृश्य मैं जिंदगी में कभी नहीं भूल पाऊंगा। लेकिन यह अस्पताल ठीक उल्टा है। साफ-सुथरा वातावरण। सूअर तो दूर की बात है, एक कुत्ता-बिल्ली भी अस्पताल कंपाउंड में दिखाई नहीं दिये। डॉक्टर-नर्सों के चेहरे पर, आंखों में किसी थकावट या नाराजगी का चिह्न नहीं है। सबसे ऊपर जो चीज मुझे अच्छी लगी, वह यह है कि, डॉक्टर जो कोई दवाइयां लिख देते हैं, अस्पताल से तुरंत वह दवाइयां मरीजों को उपलब्ध कराई जाती हैं। इस तरह का अस्पताल आजकल ज्यादा दिखाई नहीं पड़ता है... फिर भी यहां के रीति-रिवाज देखकर मुझे खुशी हुई। मैंने मन-ही-मन कहा- 'अस्पताल का वातावरण और रीति-रिवाज सुंदर-स्वाभाविक न होने से मरीजों का इलाज करके खुशी नहीं मिलती है।'

पहले दो-चार दिन दो-चार जन कोयला खान मजदूरों का इलाज करने के बाद एक दिन मेरी ही उम्र के एक सज्जन ने मेरे केबिन में आकर दोनों हाथ जोड़कर नमस्कार करके कहा -'मैं हूं सरकार, जी.एम. ऑफिस में काम करता हूं। आपको मेरी बीवी का जरा इलाज करना पड़ेगा।'

'हां-हां... जरूर इलाज करूंगा।'

मिस्टर सरकार के पीछे मुड़कर इशारा करते ही उनकी पत्नी अंदर आ गई। कुर्सी दिखाकर मैंने उन दोनों को बैठने के लिए कहा।

उन दोनों के बैठते ही मैंने मिसेज सरकार से पूछा- 'हां... अब बताइये। आपको क्या तकलीफ है ?'

'छींकने या खांसने पर सीने में दर्द होता है।'

'दोनों तरफ?'

‘बायीं तरफ ज्यादा, दाहिने तरफ थोड़ा–सा कम।’

‘ऐसा दर्द कितने दिनों से हो रहा है?’

‘पहले थोड़ा–थोड़ा दर्द महसूस हो रहा था, लेकिन हफ्ते भर से दर्द काफी बढ़ गया है।’

‘घर काम करने वाली कोई है?’

‘हां... है।’

‘क्या वह साफ–सुथरी नहीं रहती है?’

मिस्टर सरकार ने कहा– ‘एक आम मजदूर की बीवी हमारे घर काम करती है। वह अपने घर में कैसे रहती है, यह तो हमें नहीं पता।’

मैंने मिसेज सरकार की तरफ देखकर पूछा– ‘आप क्या अच्छी तरह से खाना–पीना करती हैं?’

उन्होंने मुसकराकर कहा– ‘हां। मोटेतौर पर मैं ठीक–ठाक ही खाना–पीना करती हूं।’

‘ठीक है... आप लेट जाइये।’

मिस्टर सरकार ने कहा– ‘मैं बाहर जाता हूं।’

‘नहीं–नहीं। आप बाहर मत जाइये।’

मैंने अपने मन में ही कहा– ‘मिस्टर सरकार, मैं आपकी हसीन बीवी का सीने की परीक्षा करूंगा। आपकी गैर हाजिरी में परीक्षा करने पर अगर आप मुझे बदनाम करते हैं, तो मैं किसी को मुंह दिखाने लायक नहीं रहूंगा। आपकी आंखों के सामने आपकी बीवी का इलाज करने से कम–से–कम बदनामी का डर तो नहीं रहेगा। मैं इन सब मामलों में बहुत ही सावधान रहना चाहता हूं।’

मिसेज सरकार की नब्ज देखते हुए मैंने पूछा– ‘कभी थर्मामीटर लगाकर बुखार नापा था?’

‘नहीं।’

नब्ज परीक्षण करने के बाद मैंने पूछा– ‘छींकने या खांसने पर आपको सीने में ठीक कहां पर दर्द होता है?’

मिसेज सरकार ने अपने दोनों स्तनों की तरफ इशारा करके कहा– ‘इन दोनों जगहों पर।’

स्टेथोस्कोप लगाकर चेस्ट पीस बिठाकर मिसेज सरकार की सीना परीक्षा शुरू करते ही मैंने कहा– ‘जोर–जोर से सांस लीजिए।’

थोड़ी जोर से सांस लेकर ही उन्होंने कहा– ‘ज्यादा जोर से सांस लेने पर दर्द और

बढ़ जाता है।'

सीने के विभिन्न जगह पर चेस्ट पीस बिठाकर परीक्षा करते-करते ही मैंने देखा कि, मिसेज सरकार बीच-बीच में शर्म भरी नजरों से मुझे देख रही हैं।

दस-पंद्रह मिनट तक सीना परीक्षा करने के बाद मैंने कहा- 'थोड़ी देर पेट के बल लेट जाइये। आपकी पीठ की परीक्षा करनी पड़ेगी।'

परीक्षा खत्म करके मैंने मिसेज सरकार से कहा- 'अब आप उठ सकती हैं।'

अपनी कुर्सी पर बैठकर मैंने सरकार से कहा- 'आपकी पत्नी को प्लूरिसी हुआ है।'

मिसेज सरकार ने तुरंत पूछा- 'प्लूरिसी क्या निमोनीया जैसी बीमारी है?'

'नहीं।'

थोड़ी देर चुप रहने के बाद मैंने कहा- 'आपकी प्लूरा में टी.बी. के कीटाणु घुस गये हैं।'

मेरी बात सुनकर मिस्टर और मिसेज सरकार दोनों ही एक साथ कह उठे- 'टी.बी.!'

मैंने मुसकराकर कहा- 'अरे नहीं। इसमें इतनी डरने वाली कोई बात नहीं है। आशा करता हूं, दो हफ्ते के भीतर ही मैं आपको बिल्कुल स्वस्थ कर सकूंगा। लेकिन, दवाइयां-इंजेक्शन उसके बाद भी कुछ दिन तक चलेंगे।'

मैंने थोड़ी देर रुकने के बाद कहा- 'आपके सीने में पानी जमा नहीं है और वही अच्छा लक्षण है।'

मिस्टर सरकार के हाथों में परची देकर मैंने कहा- 'आज ही अपनी पत्नी के सीने का एक्सरे करवा लीजिए। कल एक्सरे रिपोर्ट देखने के बाद दवाई लिखूंगा।'

मिस्टर सरकार ने पूछा- 'सिर्फ एक्सरे करने से ही होगा? और कुछ टेस्ट वगैरह तो नहीं करवाने पड़ेंगे?'

'पहले इलाज तो शुरू हो जाए। उसके बाद एक बार खून की जांच करानी पड़ेगी।'

मिसेज सरकार ने बुझी-बुझी नजरों से मेरी तरफ देखकर पूछा- 'डॉक्टर साहब। क्या मैं सचमुच फिर से स्वस्थ हो पाऊंगी?'

मैंने मुसकराकर कहा- 'कहा ना, पंद्रह दिनों के अंदर आपको मैं स्वस्थ बनाकर छोड़ूंगा।'

'सच मैं पंद्रह दिनों में स्वस्थ हो उठूंगी?'

'सात दिनों में आपके सीने का दर्द चला जायेगा। लेकिन उसके बाद भी इलाज

जारी रहेगा।'

मैंने मिसेज सरकार की आंखों में आंखें डालकर कहा- 'अगर मैं आपको स्वस्थ नहीं बना पाया, तो मैं डॉक्टरी करना ही छोड़ दूंगा।'

मिस्टर सरकार ने मुसकराकर अपनी पत्नी से कहा- 'डॉक्टर साहब के मुंह से ऐसी बातें सुनने के बाद तुम्हारी चिंता जरूर दूर हो गई होगी।'

मिसेज सरकार ने शर्म भरी हंसी हंस कर कहा- 'ऐसी बातें सुनने के बाद चिंता हो सकती है क्या?'

विदा लेते वक्त मिसेज सरकार ने मुझसे कहा- 'आपके क्वार्टर के ठीक पीछे वाले क्वार्टर में ही हम रहते हैं।'

'अच्छा?'

'हां!'

मिसेज सरकार ने मुसकराकर कहा- 'अगर जरूरत पड़े, तो आपको टाइम-बेटाइम परेशान करेंगे हम दोनों।'

मैंने भी हंस कर जबाव दिया -'हां-हां... जरूर आना।'

अगले दिन वे दोनों फिर से एक्सरे प्लेट और रिपोर्ट साथ लेकर अस्पताल आये।

एक्सरे प्लेट और रिपोर्ट देखकर मैंने कहा -'मेरा शक सही था।'

फटाफट पर्ची लिखकर मैंने कहा -'तीनों में से दो टेबलेट हैं और तीसरा कैप्सूल। रोजाना एक बार करके यह तीनों दवाइयां लेनी पड़ेंगी। इसके अलावा हर रोज एक स्ट्रेप्टोमाइसिन इंजेक्शन भी लेना पड़ेगा।'

थोड़ी देर रुकने के बाद मैंने कहा- 'इन सब दवाइयों और इंजेक्शन के अलावा दूध-फल-मीट-मछली जरूर खाना। मैं व्यक्तिगततौर पर कह रहा हूं, अगर हर रोज दो-चार मौसम्मी या कुछ आंवला खा सको, तो परिणाम बहुत अच्छा होगा।'

मिस्टर सरकार ने पूछा- 'यहां अगर ना भी मिले, फिर भी डिगबोई में मौसम्मी जरूर मिल जायेंगीं... आंवले भी मिल जायेंगे वहां। आप यह बताइये डॉक्टर साहब, मौसम्मी या आंवला... दोनों में से कौन-सी चीज ज्यादा असरदार होगी?'

मैंने हंस कर कहा- 'मेरे एक दोस्त के पिताजी को प्लूरिसी हुआ था। पैसे की कमी के कारण उन्होंने बत्तीस की जगह सिर्फ दो-तीन इंजेक्शन ही लिये थे। उसके बाद डॉक्टर बिधान चंद्र राय ने उनसे कहा था-'हर रोज बीस-पच्चीस आंवले खाना। तुम्हें इंजेक्शन लेने की जरूरत नहीं पड़ेगी।'

थोड़ी देर रुक कर मैंने फिर से हंस कर कहा- 'मेरे उस दोस्त के पिताजी ने आंवला खाने के कारण न सिर्फ प्लूरिसी से मुक्ति पाई थी, वे सत्तर-बहत्तर साल की

उम्र में अभी भी काफी स्वस्थ हैं।'

मिसेज सरकार ने तुरंत कहा- 'अगर सिर्फ आंवला खाने से ही ये बीमारी ठीक हो जाती है, तो फिर इतनी दवाइयां और इंजेक्शन लेने की क्या जरूरत है?'

'दवाइयां और इंजेक्शन लेने से बीमारी जल्दी ठीक होगी और भविष्य में फिर से ये बीमारी होने की संभावना भी नहीं रहेगी।'

पल भर को रुक कर मैंने कहा- 'दवाइयां और इंजेक्शन लेने के साथ-साथ आंवला खाने से आप जल्दी स्वस्थ हो उठेंगी, इसमें शक की कोई गुंजाइश नहीं है।'

वे दोनों चले गये... लेकिन ठीक दो दिन बाद ही शाम के बाद मिस्टर सरकार मेरे क्वार्टर पर आये।

कुर्सी पर बैठते ही उन्होंने कहा- 'डॉक्टर साहब, आप अगर थोड़ी मदद करते, तो बहुत बड़ा उपकार होता।'

मैंने मुसकराकर कहा- 'हां-हां, कहिये। अगर मेरे बस में है, तो मैं मदद जरूर करूंगा।'

'देखिए! मैं बहुत सुबह दफ्तर चला जाता हूं। हर रोज दफ्तर से छुट्टी लेकर घर आकर बीवी को अस्पताल ले जाकर इंजेक्शन लगवाना मेरे लिए बहुत ही मुश्किल हो रहा है।'

उन्होंने बिना रुके ही कहा- 'इसके अलावा कंपाउंडर साहब जिस तरह से इंजेक्शन लगाते हैं, उससे मेरी पत्नी को काफी दर्द भी होता है। सो मैं कह रहा था कि, आप अगर मेरी पत्नी को यहां पर ही...।'

उनकी बात को बीच में काटकर मैंने कहा- 'आप अगर अस्पताल से इंजेक्शन और सीरिंज ला सकते हैं, तो मैं उनको यहां पर इंजेक्शन लगा दूंगा।'

मिस्टर सरकार ने पूछा- 'किस टाइम आने से आपको दिक्कत नहीं होगी?'

'मैं जिस वक्त अस्पताल से घर लौटता हूं, उस वक्त तो आप दफ्तर में रहेंगे। ऐसा कीजिए, आप शाम के बाद ही अपनी पत्नी को साथ लेकर आइयेगा।'

मिस्टर सरकार ने हंस कर कहा- 'आपके यहां वह अकेले ही आ सकती है।'

'हां, आ तो सकती हैं... लेकिन आप भी साथ आइयेगा।'

❑❑❑

गेस्ट हाउस के तीनों तरफ अनगिनत पेड़-पौधों के बीच कुछ ऑफिसर्स क्वार्टर्स बने हुए हैं... उन सब क्वार्टरों में से एक मेरा भी है। दो बेडरूम, एक ड्राइंग कम डाइनिंग रूम के अलावा दो बाथरूम, किचन, स्टोर और बालकनी भी है। क्वार्टर के आगे थोड़ा बाग भी है। कुल मिलाकर मेरा क्वार्टर सच में काफी सुंदर है।

रमणीमोहन नाम का एक आदमी मेरा कुक कम बॉटलर कम बेयरा कम सर्वेंट कम सिक्यूरिटी ऑफिसर है। मैं यहां सिर्फ दो सूटकेसों में भरकर कुछ कपड़े और कुछ किताबें लेकर आया था... लेकिन रमणीमोहन ने छोटा-मोटा सामान खरीदकर मेरा घर काफी हद तक सजा दिया है। वह ना सिर्फ अच्छा पकाता है, घर को सुंदर ढंग से सजाकर भी रखता है। सिर्फ इतना ही नहीं, वह काफी ईमानदार भी है... बातें कम ही करता है। रमणीमोहन की एक और खासियत है, वह जहां-तहां घोड़े बेचकर सो सकता है। लेकिन इसके लिए मैंने उसे कभी कुछ नहीं कहा। मैं अकेला रहता हूं... काम-काज निपट जाने के बाद वह बेचारा करेगा भी तो क्या?

अस्पताल से वापस आने के बाद खाना खाकर घंटे-दो घंटे थोड़ा आराम करता हूं। उसके बाद थोड़ा टहलने के लिए निकलता हूं। घूमने के लिए बाहर निकलने पर किसी-न-किसी ऑफिसर या कुलीग डॉक्टर से भेंट हो ही जाती है। वे लोग लगभग जबर्दस्ती मुझे अपने क्वार्टर पर ले जाते हैं। कोई-कोई जबर्दस्ती मुझे दो-एक पैग व्हिस्की भी पिला देते हैं। इसके बाद क्वार्टर पर वापस आने के बाद थोड़ी देर पढ़ाई करता हूं... खाना खाता हूं... फिर रात दस बजे तक बिस्तर पर चला जाता हूं।

रमणीमोहन से मेरे बारे में इतना सब कुछ पता लेने के बाद मिस्टर सरकार दो-एक दिन रात को आठ-साढ़े आठ बजे मेरे क्वार्टर पर आने के बाद एक दिन मैंने उनसे कहा- 'अगर आप लोगों को कोई परेशानी न हो, तो शाम के समय आना।'

मिस्टर सरकार ने कहा- 'नहीं-नहीं... हमें कोई परेशानी नहीं होगी।'

इसके बाद दो-तीन दिन वे दोनों शाम के समय ही आये। उसके बाद एक दिन मिसेज सरकार अकेली आयीं। मैंने हैरान होकर पूछा- 'आप... अकेली...?'

'वह डिगबोई गये हैं कुछ खरीदारी करने, सो...।'

एक बार फिर यह मन में आया कि, उन्हें वापस भेज दूं। दिल में आया कि, कह दूं- 'मिस्टर सरकार के डिगबोई से वापस आने के बाद उनके साथ ही आना।' फिर मन में आया, शायद ऐसा कहना उचित नहीं होगा। जो भी हो, वह एक अफसर की बीवी है। इसके अलावा वे लोग मेरे क्वार्टर के ठीक पीछे वाले क्वार्टर में ही रहते हैं।

यह सब सोचते-सोचते आखिर में मैंने रमणीमोहन से कहा- 'मैं मिसेज सरकार को सुई लगाऊंगा। तुम जरा नजदीक ही रहना।'

मेरे इंजेक्शन लगाने की तैयारी करते ही रमणीमोहन ने मिसेज सरकार से पूछा- 'भाभी जी! कॉफी पियेंगी?'

'पी सकती हूं।'

रमणीमोहन तुरंत रसोईघर की तरफ बढ़ गया।

बाजू में इंजेक्शन लगाने के लिए मिसेज सरकार को अपने ब्लाउज के दो-एक बटन खोलकर गर्दन के बगल से ब्लाउज को थोड़ा-सा नीचे की तरफ सरकाना पड़ता है। अचानक उन्होंने कहा- 'डॉक्टर साहब! इंजेक्शन लेते-लेते मेरे दोनों बाजू में ही दर्द होने लगा है।'

मैंने गंभीर स्वर में जबाव दिया- 'इंजेक्शन लगाने से बाजू में दर्द तो होगा ही।'

'अच्छा... और कहीं इंजेक्शन नहीं लगाया जा सकता?'

'बाजू में ज्यादा दर्द होने से कमर के ठीक नीचे इंजेक्शन लगाया जाता है।'

'तो फिर आप वहीं इंजेक्शन लगाइये। बाजू में और दो-एक इंजेक्शन लगाने पर मैं एक ग्लास पानी भी अपने हाथों से लेकर नहीं पी पाऊंगी।'

'आज थोड़ा दर्द झेलकर बाजू में ही इंजेक्शन लगवा लीजिए। कल से कमर के नीचे...।'

मेरी बातों को बीच में ही काटकर उन्होंने कहा- 'क्यों? आज कमर के नीचे इंजेक्शन लगाने में क्या परेशानी है?'

'है... थोड़ी-सी परेशानी जरूर है।'

'कहिए न, क्या परेशानी है?'

'कमर ने नीचे इंजेक्शन लगाने के लिए आपको साड़ी, पेटीकोट को ढ़ीला करके नीचे की तरफ करना पड़ेगा... लेकिन यहां पर कोई नर्स या आपके घर वाले कोई नहीं हैं। इसलिए, आज मैं आपके बाजू में इंजेक्शन लगाऊंगा।'

हां... उस दिन मैंने मिसेज सरकार की बाजू में ही इंजेक्शन लगाया।

कॉफी पीते-पीते मिसेज सरकार ने थोड़ा-सा मुसकराकर कहा -'देख रही हूं... औरतों के बारे में आप कुछ ज्यादा ही सतर्क हैं।'

'सतर्क रहना क्या बुरी बात है?'

'बुरी बात है, ऐसा तो मैंने नहीं कहा। लेकिन, इतना सतर्क रहकर क्या डॉक्टरी की जाती है?'

'सतर्क रहना चाहिए और यही नियम है।'

'नियम है?'

'हां... नियम है।'

'लेकिन कितने डॉक्टर इस नियम का पालन करते हैं?'

'वह मेरे देखने की चीज नहीं है।'

मैंने पल भर के लिए रुके रहने के बाद मुसकराकर कहा -'नाम कमाने के लिए बहुत मेहनत करनी पड़ती है... लेकिन डॉक्टरों को बदनाम करने में लोगों को एक

मिनट भी समय नहीं लगता।'

'सभी डॉक्टर तो आप जैसे महात्मा नहीं होते।'

'डॉक्टर के पास जो औरतें आती हैं... क्या वे सब भी गंगाजल से धुली हुई होती हैं?'

'नहीं... सभी औरतें ऐसी नहीं होती हैं।'

मिसेज सरकार ने थोड़ी देर रुक कर कॉफी के प्याले में आखिरी घूंट भर कर कहा –'लेकिन आप बेफिक्र रहिये... मैं आपको कभी भी बदनाम नहीं करूंगी।'

'मैं किसी को भी बदनाम करने का मौका नहीं देता हूं।'

विदा लेने से पहले मिसेज सरकार अचानक ठिठक कर रुक गईं और उन्होंने पूछा– 'अच्छा डॉक्टर साहब! एक बात बताइये... मेरे हाथों का पकाया हुआ खाना जो भी खायेगा, क्या उसको भी टी.बी. हो जायेगी?'

'अरे नहीं... ऐसा कुछ नहीं है।'

उस दिन रात को ही खाने के टेबल पर एक कटोरा मीट देखकर मैंने रमणीमोहन से पूछा –'आज तुमने दिन के टाइम मछली बनाकर खिलाई और रात को मीट बनाया है?'

'मीट मैंने नहीं बनाया। सरकार भाभी आपके लिए देकर गई हैं।'

'उन्होंने मीट क्यों भेजा?'

रमणीमोहन ने थोड़ा मुसकराकर जबाव दिया –'आप उनका इलाज कर रहे हैं, इंजेक्शन लगा रहे हैं। शायद इसीलिए ही...।'

रमणीमोहन अपनी बात अधूरी ही छोड़ देता है।

मैंने गंभीर स्वर में कहा– 'मरीजों का इलाज करने के लिए ही मुझे सरकार से तनख्वाह मिलती है।'

अगले दिन मिस्टर सरकार अपनी बीवी को साथ लेकर आये।

मेरे कुछ कहने से पहले ही मिसेज सरकार ने कहा– 'देखिये, मैं बाजू में और इंजेक्शन नहीं लगवा पाऊंगी।'

'ठीक है... तो फिर आज कमर पर इंजेक्शन लगवा लेना।'

मैंने थोड़ी देर रुक कर कहा– 'कमर पर इंजेक्शन लगवाने के लिए आपको मेरे बिस्तर पर लेटना पड़ेगा। मेरे क्वार्टर में और कहीं लेटने का बंदोबस्त नहीं है।'

मिसेज सरकार ने मुसकराकर कहा– 'अगर आपको कोई एतराज न हो, तो मैं आपके बिस्तर पर लेट सकती हूं।'

'मुझे क्या एतराज होगा? आप जाइये, अंदर के कमरे में जाइये।'

मैंने मिस्टर सरकार से भी कहा- 'आप भी आइये।'

मिस्टर सरकार ने मुसकराकर कहा- 'वहां पर मेरा क्या काम? मैं इसी ड्राइंगरूम में इंतजार करता हूं।'

'आइये-आइये। अकेले-अकेले यहां पर क्या करेंगे आप?'

मिस्टर सरकार नहीं आये। वे ड्राइंगरूम में ही इंतजार करते रहे।

मेरे बिस्तर पर बैठकर मिसेज सरकार ने पूछा- 'पेट के बल लेटूं या करवट लेकर?'

'करवट लेकर ही लेट जाइये।'

वह मेरे बिस्तर पर करवट लेकर लेट गयी और साड़ी-पेटीकोट पूरा ढीला करके थोड़ा-सा नीचे की तरफ सरका दिया। मैंने थोड़ा-सा और नीचे की तरफ करके स्पिरिट में रुई का टुकड़ा भिगोकर थोड़ी-सी जगह साफ करके इंजेक्शन लगा दिया। उसके बाद, स्पिरिट में भिगोई हुआ रूई से थोड़ा-सा मसाज करते ही मिसेज सरकार ने क़हा- 'आपसे इंजेक्शन लगवाने से बिल्कुल दर्द नहीं होता।'

मैंने सिर्फ इतना ही कहा- 'शुक्रिया।'

मैं तुरंत ड्राइंगरूम में आ जाता हूं। थोड़ी देर बाद मिसेज सरकार के ड्राइंगरूम में आते ही मैंने कहा- 'कल तो आपने मीट बनाकर... आज क्या खिलायेंगी?'

'आपको खिलाने लायक आज मैंने कुछ भी नहीं बनाया।'

'सुनिए... ज्यादा खाना मत बनाइयेगा। आपको ज्यादा मेहनत करना मना है... यह बात क्या आप भूल गईं?'

'नहीं-नहीं। मैं ज्यादा खाना कभी नहीं बनाती हूं... मैं तो लगभग पूरे दिन बिस्तर पर लेटी ही रहती हूं।'

मिस्टर सरकार ने पूछा- 'डॉक्टर साहब। अब इनका सीना परीक्षण नहीं करेंगे?'

'कल करूंगा।'

मैंने मिसेज सरकार से पूछा- 'आपको क्या खांसी आने पर या छींक आने पर अभी भी दर्द महसूस होता है?'

'होता है... लेकिन पहले से बहुत कम।'

मैंने मुसकराकर कहा- 'फिक्र करने की कोई बात नहीं है और कुछ ही दिनों के अंदर आप पूरी तरह से स्वस्थ हो उठेंगी।'

हां... सच में कुछ ही दिनों के अंदर मिसेज सरकार पूरी तरह से स्वस्थ हो उठीं।

इसके कुछ दिनों के बाद ही, सी.एम.ओ. साहब के बंगले पर एक पार्टी में जी.एम. साहब की पत्नी ने हंसते-हंसते मुझसे कहा- 'महिलाओं में आपकी बहुत ही

तारीफ हो रही है।'

मैंने भी हंस कर जवाब दिया- 'कुंवारे मर्दों के प्रति महिलायें हमेशा ही थोड़ी ज्यादा मेहरबान होती हैं।'

'हां, यह बात सच हो सकती है... लेकिन मैंने सुना है कि आपके जैसे गुड ब्वाय डॉक्टर चिराग लेकर ढूंढने पर भी नहीं मिलते हैं।'

अचानक सी.एम.ओ. साहब मेरी बगल में आकर खड़े हो गये और उन्होंने दबी हुई हंसी हंस कर कहा- 'सैकत! इतना शर्मीला होने से शादी के बाद बीवी के साथ कैसे रहोगे तुम?'

'मैं शादी करूंगा तो किससे? सभी हसीन लड़कियां तो पहले से ही किसी डॉक्टर या माइनिंग इंजीनियर की बीवी बन चुकी हैं।'

डॉक्टर दास ने हंसते हुए कहा- 'सैकत! दिल छोटा मत करो। कामरूप-कामाख्या के इस देश में हसीन लड़कियों की कोई कमी नहीं है।'

जो भी हो, कुछ दूरी पर खड़ी मिसेज सरकार को हंसते हुए देखकर मुझे यह समझने में देर नहीं लगी कि, महिलाओं में मेरी तारीफ किसने की है? मैं किसी से यह नहीं कह पाया कि, इस दुनिया में मैंने सिर्फ एक ही लड़की से प्यार किया है। उसे छोड़कर और किसी भी लड़की के प्रति मेरे अंदर रत्तीभर का भी आकर्षण नहीं है। मेरे दिल में ईशानी की जगह और कोई लड़की नहीं ले सकती। उसकी जगह पर मैं और किसी को नहीं बिठा पाऊंगा।

॥ पांच ॥

सुबह से शाम तक का टाइम ठीक-ठाक ही गुजर जाता है। लेकिन, जब तक मैं अस्पताल में रहता हूं, मैं सबके साथ अच्छा रहता हूं। उस समय दिमाग में ऊल-जुलूल कोई चिंता नहीं आती है। हरेक मरीज का मैं लगन के साथ परीक्षण करता हूं। काफी सोच-विचार करके पर्ची लिखता हूं। सबसे ऊपर, मैं हरेक मरीज को यह दिलासा देता हूं –'घबराने की कोई बात नहीं है। आप जरूर ठीक हो जायेंगे।'

मरीज स्वस्थ हो उठने के बाद उन लोगों की हंसी देखकर मेरा दिल खुशी से भर उठता है। भगवान की दुआ से मैं अपने मरीजों का विश्वास जीत पाया हूं, यह सोचकर मन को जो तृप्ति पहुंचती है, उसे मैं शब्दों में प्रकट नहीं कर पाऊंगा। प्रकट करना मुमकिन भी नहीं है।

टिपंग कोलियरी का बीर बहादुर हजारों फीट नीचे उस भयानक सीलन भरी खान से कोयला काटकर जिंदगी गुजारता है। दूसरे खान-मजदूर की तरह बीर बहादुर ड्यूटी के बाद बोतल पर बोतल देशी शराब पीकर धुत्त होकर अपने गम को भूलने की कोशिश नहीं करता है। वह नहीं चाहता कि, उसका बड़ा बेटा विक्रम बहादुर भी खान में काम करें और इसीलिए बीर बहादुर ने कुछ रुपये-पैसे का इंतजाम करके विक्रम के लिए एक छोटी-सी दुकान खोल दी है। उस जवान लड़के का जब हाथ-पैर-मुंह सूज गया और बीच-बीच में उसको पेशाब के साथ खून भी आने लगा, तब बीर बहादुर ने लगभग पागलों की तरह मेरे दोनों पैर पकड़ कर जोर-जोर से रोते हुए कहा था- 'डॉक्टर साहब, मेरे बच्चे की जिंदगी लौटा दो। मैं सारी उम्र आपका गुलाम बनकर रहूंगा।'

विक्रम को एक्यूट नेफ्राइटिस हुआ था। बीमारी अच्छी नहीं है। लेकिन, वह स्वस्थ हो उठा था। जिस दिन बीर बहादुर अपने बेटे को अस्पताल से घर लेकर गया था, उसके चेहरे पर हंसी देखकर मुझे ऐसा लगा था कि, मेरा डॉक्टरी पढ़ना आज सचमुच सार्थक हो उठा है। अभी भी कभी-कभी रास्ते में बीर बहादुर से मुलाकात

होने पर वह जरूर भागकर, आकर मेरे चरण स्पर्श करता है।

लोगों का यह विश्वास, यह भरोसा, प्यार और आभार... इससे ज्यादा हम और क्या उम्मीद कर सकते हैं ?

अस्पताल की ड्यूटी खत्म होने पर सी.एम.ओ. साहब के चेंबर में हमारी जो गोष्ठीयां चलती हैं... वह भी कुछ कम नहीं हैं। चाय या कॉफी पीते-पीते थोड़ी-सी हंसी-मजाक करना या गप्पें मारना अच्छा ही लगता है।

उसके बाद ?

उसके बाद मेरे खाली समय का कोई अंत नहीं होता है। लेकिन, महीने में मौभंडार दो-एक चिट्ठी जरूर लिखता हूं। महीने की शुरुआत में जो चिट्ठी लिखता हूं, उसके साथ बड़े भईया के नाम दो हजार रुपये का बैंक ड्राफ्ट भी भेजता हूं मां-बड़े भईया-भाभी के लिए।

चिट्ठी में अपने बारे में भी लिखता हूं -'मैं अच्छा हूं। चिंता करने की कोई बात नहीं है। यहां पर रमणीमोहन की दुआ से खाने-पीने में कोई कमी नहीं है।'

सबसे आखिर में लिखता हूं -'तुम लोग यहां कब आ रहे हो ? यह जगह, मार्घेरिटा मौभंडार से काफी ज्यादा हरा-भरा है। यहां मौभंडार से भी ज्यादा चैन मिलता है मन को। यहां पर ताजमहल या कुतुबमीनार न भी हो, लेकिन चैन से रहने के लिए इस जगह की कोई तुलना नहीं है।'

मेरी चिट्ठी और बैंक ड्राफ्ट मिलने के बाद भाभी की चिट्ठी आती है-'प्यारे छोटू भईया। तुम्हारी भेजी हुई चिट्ठी और बैंक ड्राफ्ट सही समय पर ही मिला। हर महीने तुम दो हजार रुपये भेजते हो। उसमें से एक हजार रुपये तुम्हारे बड़े भईया और एक हजार रुपया मेरे और मां के हाथ में आता है। इतने पैसे से हम क्या करेंगे ? मौभंडार तो कोई दिल्ली या मुंबई शहर नहीं है। उन सब शहरों में एक दिन में लाखों रुपये उड़ा दिये जा सकते हैं। यहां पर एक कोल्ड ड्रिंक पीने का मन हो, तो भी एक मील दूर बाजार जाना पड़ता है। अगर तुम्हारी बीवी रहती, तो उसके साथ सलाह-मशविरा करके पैसे उड़ाने का इंतजाम करती... लेकिन तुम इतने कंजूस हो कि पैसे खर्च करने के डर से अभी तक शादी भी नहीं की।'

अगर मूड अच्छा रहता, तो मैं अगले दिन ही भाभी की चिट्ठी का जबाव देता हूं-'अच्छा भाभी, रुपये-पैसे खर्च करने के लिए तुम लोगों को दिल्ली-मुंबई जाने के लिए मना किसने किया है ? लेकिन, मेरी मानो तो तुम्हारे लिए मुंबई ना जाना ही अच्छा है। वहां जाने से तुम्हारा रूप-यौवन-लावण्य देखकर बड़े-बड़े डायरेक्टर-प्रोड्यूसर लोगों

के सिर घूम जायेंगे। इसके अलावा, बेचारी करिश्मा-माधुरी-ऐश्वर्या भूखी मर जायेंगी।'

और भी लिखता हूं- 'तुम तो मेरी बीवी को अच्छी तरह से जानती हो। जब भी मन करेगा, उसके पास चले जाना। वह तुम्हें ना सिर्फ रुपये-पैसे उड़ाने के मामले में सलाह-मशवरा देगी... बड़े भईया को कैसे तुम और भी अपने वश में ला सकती हो, वह भी सिखा देगी।'

यह सब चिट्ठी मैं अस्पताल में बैठ कर ही लिखता हूं।

लगभग हर हफ्ते ही शनिवार या रविवार किसी-न-किसी ऑफिसर या कुलीग के घर डिनर की दावत रहती है। इन सब दावत के दिन शाम के बाद ही मुझे उन लोगों के घर जाना पड़ता है। व्हीस्की पीते-पीते रात नौ-साढ़े नौ बजे तक गप्पबाजी चलती रहती है। उसके बाद खाना-पीना करके क्वार्टर पर लौटते-लौटते रात को दस-ग्यारह बज ही जाते हैं। तब मुझे करने के लिए और कोई काम नहीं रहता है... मैं सो जाता हूं।

लेकिन दूसरे दिन? जिस दिन मुझे शाम के बाद अकेला रहना पड़ता है?

अकेले रहने पर सिर्फ ईशानी की याद आती है। याद आ जाती हैं न जाने कितनी बातें, कितनी यादें।

❑❑❑

मेडिकल कॉलेज में पहले दो साल एनाटोमी, फिजियोलॉजी और बायोकेमिस्ट्री पढ़ने में पसीने छूट जाते थे। फिर भी बीच-बीच में दो-एक दिन के लिए मैं मौभंडार जाता था... कुछ समय ईशानी के घर पर भी बिताता था।

थर्ड इयर, फोर्थ इयर में पढ़ते समय पढ़ाई का दबाव इतना ज्यादा था कि, मस्ती करने का, घूमने-फिरने का मौका ही नहीं मिलता था। मिलता भी कैसे? पैथोलॉजी, माईक्रो बायोलॉजी, फर्माकोलॉजी, प्रिवेंटिव एंड सोशल मेडिसिन, फोरेनसिक मेडिसिन--इन सब के अलावा था वार्डों में घूम-घूम कर मेडिकल और सर्जिकल प्रैक्टिकल। सो, दिल चाहते हुए भी जब-तब मौभंडार या ईशानी के घर जाना मुमकिन नहीं हो सकता था।

दो क्लासों के बीच अचानक ईशानी मुसकराकर मुझसे कहती थी- 'ये लो तुम्हारी चिट्ठी।'

'मेरी चिट्ठी?'

'हां... तुम्हारी चिट्ठी।'

'मुझे कौन चिट्ठी लिखेगा?'

'दादी मां ने।'

दो-चार लाइनों की चिट्ठी पढ़कर मैंने हंसते हुए कहा- 'दादी मां सच में मेरी मोहब्बत में फंस चुकी हैं।'

'मुझे भी ऐसा ही कुछ लग रहा है।' ईशानी ने मुसकराकर कहा।

उसने थोड़ी देर रुककर कहा- 'दादी मां को मैं जितना कहती हूं कि, पढ़ाई के कारण तुम अपनी मां के पास भी नहीं जा पा रहे हो, फिर भी दादी मां मेरी बात मानने को तैयार नहीं होती।'

'दादी मां क्या कहती हैं?'

'दादी मां गम्भीर होकर कहती हैं- 'तू चुप कर, टुसिया। ये सब बातें मुझे मत सुना। जो औरत खाना पकाती है, वो क्या बाल नहीं संवारती?'

दादी मां की बातें सुनकर मुझे हंसी आ गई।

ईशानी ने दबी हुई हंसी हंसकर कहा- 'तुम हंस रहे हो? दादी मां ने मां से क्या कहा है, तुम्हें पता है?'

'क्या कहा है?'

'उन्होंने कहा है-'देखो बहू! सैकत मेस में क्या खाता है, कैसे रहता है, भगवान ही जानता है। हमारे घर में तो दो कमरे खाली ही पड़े हैं। उसे इस घर में रहने के लिए कहकर देखो।'

'तुम्हारी मां ने क्या कहा?'

'मां ने कहा - 'सैकत क्या यहां रहने के लिए तैयार होगा?'

ईशानी ने फिर से थोड़ी देर चुप रहकर कहा -'लेकिन महीने में दो-एक दिन तक अगर तुम नहीं आते हो तो आने से मुझे भी कुछ अच्छा नहीं लगता।'

मैंने मुसकराकर पूछा- 'सच?'

'तो क्या मैं झूठ बोल रही हूं?'

उसने पल भर के लिए रुके रहने के बाद धीरे से कहा- 'जिसके साथ पूरी जिंदगी बितानी है, उसे नजदीक पाने का मन किसे नहीं करता?'

अगले रविवार मेरे ईशानी के घर जाने पर दोपहर का खाना खाने के बाद उसके कमरे में बैठकर गप्पें मारते-मारते उसने कहा था- ' जानते हो, सैकत... मैंने कभी नहीं सोचा था कि मैं किसी से प्यार करूंगी या किसी के साथ अपने को जोड़कर भविष्य के सपने देखूंगी... लेकिन तुमने मेरा सारा हिसाब-किताब गड़बड़ कर दिया।'

मैंने उसका एक हाथ अपने दोनों हाथों में लेकर कहा- 'मैं तो यह सोचता हूं कि,

तुमने ही मेरा सारा हिसाब-किताब गड़बड़ कर दिया है।'

पलभर के लिए रुककर मैंने कहा- 'मेडिकल कॉलेज में पहले दिन जब तुमने डॉक्टर चौधरी की क्लास में खड़े होकर अपना नाम बताया था, तभी मुझे ऐसा लगा था कि, तुम्हारे बिना मैं जी नहीं पाऊंगा।'

ईशानी ने मेरी आंखों में आंखें डालकर शरारत भरी हंसी हंसकर कहा- 'क्लास की सभी लड़कियों में से मैं सांवली थी। फिर भी मैं ही तुम्हें पसंद आई?'

मैंने भी मुसकराकर कहा- 'मेरी नानी मां क्या कहती थीं, पता है?'

'क्या कहती थीं?'

'कहती थीं- 'सच्चे प्यार में गोरा-काला कोई मायने नहीं रखता है।'

मेरी बातें सुनकर ईशानी मुसकराती है।

मैंने उसका एक हाथ पकड़कर गंभीर स्वर में कहा- 'देखो, ईशानी। जिंदगी में कभी-कभी, किसी-किसी खास पल में हम आंखों से नहीं, दिल से देखते हैं। सिर्फ दोनों आंखों से देखने पर शायद तुम्हारा सांवला रंग मुझे दिखाई देता, लेकिन मैंने तो तुम्हें आंखों से नहीं देखा था, देखता भी नहीं हूं।'

ईशानी ने मुंह से कुछ नहीं कहा... सिर्फ दोनों आंखों से मेरी तरफ देखती रही।

मैं कहता गया- 'तुम विश्वास करो, हमारे मौभंडार या मोसाबनी में बहुत सारी हसीन लड़कियां हैं। उन सब लड़कियों में से कुछ एक के साथ मेरा अच्छा संपर्क भी है... लेकिन उन सब लड़कियों में से किसी के साथ अपने को जोड़कर मैंने कभी भी भविष्य की सपना नहीं देखा है। पहले दिन से तुम्हें लेकर ही मैंने सपना देखा है।'

ईशानी ने मुसकराकर पूछा- 'अच्छा ये बताओ, सबसे पहले कब तुम मुझे पसंद आए थे?'

मैंने भी मुसकराकर जवाब दिया- 'कॉलेज में शुरू-शुरू में तो तुम मुझे घास भी नहीं डालती थीं। हर वक्त मैं देखता था, तुम शैवाल और मृन्मय के साथ गप्पें मार रही होती थीं।'

'वे लोग मुझे बुलाते थे, सो मैं भी उन दोनों के साथ गप्पें मारती थी।'

उसने थोड़ा रुककर कहा- 'लेकिन यह बात भी सही है कि, शुरू-शुरू में तुम्हें देखकर मैंने ज्यादा कुछ सोच-विचार नहीं किया था। उसके बाद गड़ियाहाट के नुक्कड़ पर तुम्हें देखकर ऐसा लगा कि, तुम जितने थके हुए हो, ठीक उतने ही चिंतित भी हो।'

'फिर?'

'उस दिन तुम्हें देखकर मुझे बहुत कष्ट हुआ था, तुम्हारे ऊपर तरस भी आया था।'

उसकी बातों पर मैं हंस दिया।

ईशानी ने मेरे कंधों पर सिर रखकर कहा- 'इसीलिए ही उस दिन मैं तुम्हें अपने साथ अपने घर लेकर गई थी। उस दिन तुम से बातें करके मुझे कितनी खुशी मिली थी, वह शब्द मैं व्यक्त नहीं कर पाऊंगी।'

मैं चुप रहकर उसकी बातें सुनता रहा।

उसने एक गहरी सांस छोड़कर कहा- 'उस दिन शायद मैं रात को तीन-साढ़े तीन बजे तक जगी हुई थी।'

'क्यों?'

'तुम्हारे बारे में सोच रही थी।'

'क्या सोच रही थीं?'

'यही सोच रही थी कि, मैंने क्या कुछ गलत कदम उठाया? मैं तो सिर्फ आंखों के नशे में आकर तुम्हें अपना दिल दे बैठी? क्या मैं तुम्हारे साथ एडजस्ट कर पाऊंगी? क्या तुम मेरे साथ रहकर सुखी रह पाओगे?'

'फिर?'

'फिर ऐसा लगा कि, हो सकता है, मुझसे गलती हो गई है... लेकिन मां और दादी मां तो सिर्फ आंखों के नशे में आकर तुमसे इतना प्यार नहीं कर सकतीं। तुम जब उन लोगों को इतने पसंद आये हो, तो तुम जरूर अच्छे ही होगे।'

ईशानी ने हंसकर मेरी तरफ देखकर कहा- ' तब मुझे इस बात पर चैन मिला कि, मैंने कोई गलत फैसला नहीं लिया है।'

मैंने दबी हुई हंसी हंसकर कहा- 'तो अब क्या लगता है?'

'ऐसा लगता है कि, जिंदगी में शायद यह एक बार ही मैंने सही फैसला लिया है।'

❑❑❑

मैं अपने क्वार्टर में अकेले-अकेले व्हिस्की पीते हुए इन सब यादों को ताजा करता हूं।

अचानक रमणीमोहन ने आकर पूछा- 'सर, और एक पैग बना दूं क्या?'

'हां-हां, दो।'

रमणीमोहन के मेरा ग्लास फिर से भर देते ही मैं घूंट भरता हूं। ईशानी के बारे में

सोचते हुए ही मां को मेडिकल कॉलेज दिखाने की यादें मुझे याद आ जाती हैं।

तब मैं द्वितीय वर्ष में पढ़ता था। छोटी मौसी की छोटी लड़की के शादी के अवसर पर बड़े भईया मां और भाभी को साथ लेकर आए थे। शादी और रिसेप्शन खत्म होते ही बड़े भईया भाभी को साथ लेकर मौभंडार वापस चले गए। मां मेरे पास रह गईं।

एक दिन बातों-बातों में मां ने मुझसे कहा- 'छोटू! मैंने बहुत बार बाहर से मेडिकल कॉलेज देखा है... लेकिन अंदर कभी नहीं गई।'

मैंने हैरान होकर पूछा- 'सच?'

'हां!'

'ठीक है, अगले हफ्ते ही एक दिन मैं तुम्हें अपने कॉलेज ले चलूंगा।'

मेस में वापस आकर फोर्थ ईयर के असित भईया को सब कुछ कहते ही उन्होंने कहा- 'तू जिस दिन चाहे, मौसी जी को ले आ सकता है। मैं मौसी जी को साथ लेकर सब कुछ घुमाकर दिखा दूंगा। अगर तू एक दिन पहले मुझे सूचित कर दे देता है, तो और भी अच्छा होगा।'

मुझे अच्छी तरह याद है, मौसी जी के बड़े बेटे रांगा भईया दफ्तर जाते समय मां को मेरे पास छोड़ गए थे। मां के आने के इंतजार में मैं और असित भईया गेट के पास खड़े थे। मां से असित भईया को मिलाने से पहले ही असित भईया ने मां की चरण स्पर्श करते हुए कहा- 'मौसी जी, मैं असित हूं... फोर्थ ईयर में पढ़ता हूं। आज मैं ही आपको सब कुछ घुमाकर दिखाऊंगा।'

दो घंटे तक पूरा अस्पताल घूम-घूमकर मां को दिखाने के बाद मैंने मां से अपने दोस्तों को मिलाया।

'मां... यह है सुमन, हमारे नेता। इसके अलावा यह छात्र संघ का सहकारी सचिव भी है। अगले साल जरूर जी.एम. बन जाएगा।'

सुमन ने हंसते हुए कहा- 'मौसी जी, मैं नेता होना नहीं चाहता था... लेकिन इन सब लोगों ने मिलकर जबरदस्ती मुझे नेता बना दिया है।'

मां ने हंसते हुए कहा- 'तुम जो एक नेता हो, यह बात तुम्हें देखने से ही पता चल जाती है।'

बिना रुके ही मां ने कहा- 'मेरी अगर कोई बेटी होती, तो मैं तुम्हें जरूर दामाद बनाती।'

मां की बातें सुन कर सभी हंस पड़े।

इसके बाद एक-एक करके सभी के साथ मां का परिचय करा देने के बाद मां ने

मुझसे कहा- 'देख सैकत। मैं तो अपने साथ कुछ भी नहीं लाई हूं... लेकिन इन सभी को बगैर मुंह मीठा कराए मैं जा भी नहीं सकती।'

शैबाल ने कहा- 'मौसी जी, हमें मुंह मीठा कराने की कोई जरूरत नहीं है। आप हम सभी को एक-एक कटलेट खिला दीजिए।'

मां ने खुश होकर कहा- 'ठीक है।'

शाहाना ने तुरंत मुसकराकर कहा- 'मौसी जी, इन सब भिखमंगों को खिलाने से कोई फायदा नहीं होगा।'

'नहीं बेटी... ऐसा न कहो। बच्चे मां से खाना खिलाने के लिए कहेंगे... इसमें भीख मांगने वाली बात कहां से आती है?'

कैंटीन में सभी को कटलेट खिलाते समय मां ने सभी से कहा- 'तुम लोग एक बार मौभंडार जरूर आना। तुम लोगों के आने से मुझे बहुत खुशी मिलेगी।'

किसी ने कहा- 'आने की कोशिश करेंगे।' किसी ने कहा - 'मौसी जी, आने को तो बहुत जगह मन करता है, लेकिन जाना संभव नहीं होता है। कॉलेज से निकलने से पहले शायद कहीं घूमने के लिए जाना संभव नहीं होगा।'

शाहाना, चैताली, सूदीप्ता, बलाका और भी दो-तीन लड़कियों ने कहा- 'अगर सब आते हैं, तो हम भी आएंगी।'

सिर्फ ईशानी ने कहा- 'हां, मौसी जी... मैं जरूर आऊंगी।'

मां ने हंसकर कहा- 'हां, बेटी... जरूर आना। तुम्हारे आने से मुझे सच में खुशी मिलेगी।'

धीरे-धीरे सभी विदा लेकर चले गए, लेकिन ईशानी काफी देर तक बैठकर मां से बातें करती रही।

बाद में मां ने मुझसे कहा- 'तेरे सभी दोस्त मुझे बहुत पसंद आए हैं... लेकिन ईशानी को देखकर और उससे बातें करके मेरा दिल भर उठा है। कभी मौका मिले तो, उसे कम-से-कम एक बार के लिए जरूर मौभंडार लेकर आना।'

मैंने कहा- 'अगर वह आना चाहती है, तो जरूर ले आऊंगी।'

मां ने काफी दृढ़ता के साथ कहा - 'हां-हां... वह जरूर जाएगी।'

मां एक ही सांस में कह गई- 'ईशानी ऊल-जुलूल बातें करने वाली लड़की नहीं है।'

मैंने हंसते हुए कहा- 'इतने कम समय बातें की और उनके बारे में इतना कुछ समझ लिया?'

'हां... समझ गई।'

अगले दिन ही कॉलेज में ईशानी ने मुझसे कहा- 'सैकत, तुम्हारी मां मुझे बहुत ही पसंद आई हैं।'

'क्यों?'

'वह सच में एक स्नेहमयी मां हैं।'

उसने थोड़ी देर रुककर कहा- 'तुम मानो या न मानो... आजकल इस तरह की मां, बड़ी बहन या भाभी मिलना बहुत ही भाग्य की बात है।'

मैंने कोई टिप्पणी नहीं की।

ईशानी ने काफी गंभीर होकर कहा- 'अभी मेरी उम्र कम है। अभी तक मेरी शादी भी नहीं हुई है... बाल-बच्चे भी नहीं हुए हैं... लेकिन जब मैं बच्चे की मां बन जाऊंगी, तब भी अगर मैं अपने बच्चों से अपने रूप-यौवन की तरफ ज्यादा ध्यान देती हूं, तो मैं सच्चे मायने में एक *'मां'* नहीं बन पाऊंगी।'

उसकी बातें सुनकर मैं मुसकरा दिया।

एक सांस अंदर लेकर ईशानी ने कहा- 'तुम्हें यह बात माननी ही पड़ेगी कि, मातृत्व का एक अलग माधुर्य है, गौरव भी है। सही मायने में 'मां'- के अंदर ही मातृत्व का माधुर्य दिख जाता है।'

इस बार उसने मुसकराकर कहा- 'तुम्हारी मां को देखने से ही पता चल जाता है कि, वे बड़ी ही स्नेहमयी हैं। अपने बेटे या बेटे समान बच्चों की कल्याण कामना वे हमेशा करती हैं।'

ईशानी ने एक गहरी सांस छोड़कर कहा- 'इसी तरह की मां के पास आत्मसमर्पण करके शायद सबसे ज्यादा शांति मिलती है।'

इसके महीने भर बाद जब मैं मौभंडार गया, तब मां ने बातों-बातों में मुझसे कहा- 'छोटू, बीच-बीच में ही मेरा मन ईशानी को पास पाने के लिए बेचैन हो उठता है। उस दिन सिर्फ दो-एक घंटे बातें करके ही वह मुझे पसंद आ गई है।'

'तुम भी ईशानी को बहुत पसंद आ गई हो।'

'ईशानी को याद दिला देना कि, उसने मौभंडार आने का वचन दिया है।'

'हां... कहूंगा।'

❑❑❑

अचानक रमणीमोहन आकर कहा- 'सर, रात के दस बजने वाले हैं। खाना लगाऊं?'

मैंने खाली ग्लास उसके हाथों में देकर कहा- 'पहले व्हिस्की लाओ।'

रमणीमोहन सिर्फ व्हिस्की ही नहीं लाया... एक प्लेट में कुछ पीस चिकन लाकर मेरे आगे रखकर कहा- 'सिर्फ व्हिस्की मत पीजिए। खाली पेट तीन-चार पैग व्हिस्की पीना सेहत के लिए ठीक नहीं है।'

उसकी बातें सुनकर मैं हंस दिया। उसके बाद मैंने कहा- 'मेरा खाना ढककर तुम खाना खाकर सो जाओ।'

वह बिना कुछ कहे विदा लेकर चला गया।

मैं फिर से व्हिस्की के ग्लास में से घूंट भरता हूं। फिर से ईशानी के बारे में सोचना शुरू कर देता हूं।

❑❑❑

दो साल बाद एम.बी.बी.एस. की परीक्षा खत्म होने के बाद ईशानी मेरे साथ पहली बार मौभंडार गई थी।

मां, ईशानी से मिलकर बहुत ही खुश हुई थी। ईशानी के मां को प्रणाम करते ही मां ने दोनों हाथों से ईशानी को अपने सीने से लगाकर कहा- 'तुम्हारे आने की प्रतीक्षा में मैं सुबह से राह देख रही थी।'

भाभी की तरफ इशारा करके मैंने कहा- 'मेरी गर्ल फ्रेंड।'

ईशानी ने मुसकराकर भाभी से कहा- 'सैकत के मुंह से आपके बारे में मैंने बहुत कुछ सुना है।'

भाभी ने दबी हुई हंसी हंसकर कहा- 'देखो... तुम मुझसे *'आप-आप'* बिल्कुल नहीं कहना। छोटू भईया अगर मुझे *'तुम'* कहकर बुला सकते हैं, तो तुम क्यों *'आप-आप'* कहोगी?'

ईशानी ने तुरंत भाभी का एक हाथ पकड़कर घर के अंदर की तरफ आगे बढ़ते हुए कहा- 'ठीक है... पहले एक कप गर्मा-गर्म चाय पिलाओ।'

चाय की मेज पर हम सभी ने काफी गप्पें मारीं।

भाभी ने कहा- 'जानती हो, ईशानी... कोलकाता घूमकर आने के बाद मां ने तुम्हारी कितनी तारीफ की है, तुम सोच भी नहीं सकतीं।'

मां ने तुरंत कहा- 'तारीफ करने लायक लड़की है ईशानी... सो मैंने इसकी तारीफ की है।'

ईशानी ने हंसते हुए कहा- 'भाभी, मैं तुम्हें बता देती हूं... देखना, कुछ ही दिनों के भीतर ही मौसी जीं को अपनी गलती का अहसास हो जाएगा।'

मां ने ईशानी का एक हाथ पकड़कर कहा- 'नहीं, बेटी, मुझसे कोई गलती नहीं हुई।'

मैंने कहा- 'मां, तुम लोग क्या सिर्फ बातें ही करती रहोगी? हमें कुछ खाने को नहीं दोगी?'

मां के उठकर खड़े होते ही भाभी ने कहा- 'मां जी, आप बातें कीजिए। मैं खाना परोसती हूं।'

मां ने ईशानी से कहा- 'जाओ बेटी... हाथ-मुंह धो लो।'

हम दोनों के हाथ-मुंह धोकर आते ही भाभी ने हम दोनों को पूरी, दम आलू परोसे। सिर्फ दो प्लेट देखकर ईशानी ने कहा- 'भाभी। तुम्हारी और मौसी जी की प्लेट कहां है?'

मां ने ईशानी की तरफ देखकर कहा- 'ईशानी बेटी, मैं तो यह सब खाना नहीं खाऊंगी... मैं सिर्फ थोड़ा-सा दूध पीयूंगी। बहू... तुम भी खा लो।'

'सिर्फ दूध?'

'हां, बेटी... सिर्फ दूध।'

'साथ में कुछ फल नहीं खाएंगी?'

मां ने थोड़ा हंसकर कहा- 'इस उम्र में ज्यादा खाना क्या सेहत के लिए अच्छा है?'

'मौसी जी, मुझे तो ऐसा लगता है कि, दूध के साथ थोड़े-बहुत फल खाने से आपकी सेहत अच्छी रहेगी।'

थोडी देर रुककर ईशानी ने फिर कहा- 'मेरी दादी मां की उम्र अस्सी साल है। वह सुबह और शाम को सिर्फ दूध और फल खाती हैं।'

'और दोपहर को?'

'दोपहर को थोड़े-से चावल, एक कटोरी दाल और थोड़ी-सी सब्जी।'

ईशानी ने मुसकराकर कहा- 'आप के बेटे से ही पूछकर देखिए, दादी मां की सेहत इस उम्र में भी कितनी अच्छी है।'

मैंने कहा- 'हां, मां! ईशानी की दादी मां अभी भी बहुत ही तंदुरुस्त हैं... हंसी-मजाक भी बहुत करती हैं।'

भाभी ने हंसते हुए ईशानी से पूछा- 'ईशानी, तुम्हारी दादी मां के साथ शायद छोटू भाई का इश्क बहुत जोरों पर चल रहा है?'

ईशानी ने भी हंसते हुए जवाब दिया- 'भाभी, तुम सोच भी नहीं सकतीं... इन दोनों

के बीच कितना गहरा प्यार है। यह दोनों जिस तरह से प्यार करते हैं, प्यार का इजहार करते हैं... वह सब कुछ सिर्फ हॉलीवुड की अंग्रेजी फिल्मों में ही दिखाई देता है।'

उसकी बातों पर हम सभी हंस उठे।

हमारी गप्पबाजी चल रही थी... इस बीच बड़े भईया लंच टाइम पर घर आ गए।

ईशानी ने आगे बढ़कर बड़े भईया के चरण स्पर्श करके कहा- 'बड़े भईया, मैं ईशानी हूं।'

बड़े भईया ने मुसकराकर कहा- 'मां तो हमेशा ही तुम्हारी तारीफों के पुल बांधती रहती है।'

'मां, हमेशा ही अपने बच्चों के बारे में थोड़ा बढ़ा-चढ़ा कर कहती हैं।'

'नहीं, बहन, मेरी मां किसी भी मामले में बढ़ा-चढ़ाकर नहीं कहती है। तुम सचमुच अच्छी हो, इसीलिए ही मां ने तुम्हारी तारीफ की है।'

बड़े भईया के मुंह-हाथ धोकर आते ही भाभी ने बड़े भईया को खाना परोस दिया। मैं, मां और ईशानी बड़े भईया के बगल में बैठ गए।

बड़े भईया ने एक निवाला चावल मुंह में डालकर ईशानी से पूछा- 'तो ईशानी बहन, कुछ दिन यहां रहोगी न?'

'नहीं, बड़े भईया। परसों ही वापस चली जाऊंगी।'

'अरे नहीं-नहीं। यह कैसे हो सकता है? नहीं-नहीं तुम परसों नहीं जा पाओगी।'

'क्यों बड़े भईया?'

बड़े भईया ने एक बार मां और मेरी तरफ देखकर मुसकराकर कहा- 'ईशानी बहन, परसों तुम्हारे इस बड़े भईया का जन्मदिन है। उस दिन...।'

बड़े भईया को अपनी बात खत्म करने का मौका न देकर ईशानी ने हंसकर कहा- 'सच?'

मां ने कहा- 'मैंने तो यह सोचा था कि, छोटू ने तुम्हें पहले से ही यह बात बता दी होगी।'

'नहीं मौसी जी, सैकत ने मुझे कुछ नहीं कहा।'

उसने पल भर के लिए रुककर कहा- 'पहले से पता होने से मैं मां को कहकर आती कि, परसों वापस नहीं आ पाऊंगी।'

बड़े भईया ने कहा- 'मुझे अपने घर का फोन नम्बर दो... मैं दफ्तर वापस जाते ही तुम्हारी मां को इत्तला दे दूंगा।'

'तब तो बहुत ही अच्छा होगा।'

बड़े भईया के दफ्तर वापस चले जाते ही भाभी ने हम तीनों के लिए डायनिंग टेबल पर और मां के लिए फर्श पर खाना परोसते ही ईशानी ने कहा- 'भाभी, नीचे बैठकर कौन खाएगा? मौसी जी?'

'हां।'

'तो तुम और तुम्हारे छोटू भईया टेबल पर बैठकर खाना खाओ। मैं तो मौसी जी के साथ नीचे बैठकर खाना खाऊंगी।'

मां ने तुरंत कहा- 'नहीं-नहीं। तुम नीचे क्यों बैठोगी भला? तुम लोगों को तो नीचे बैठकर खाने की आदत भी नहीं है।'

'हां... मुझे आदत है।'

ईशानी ने बिना रुके ही कहा- 'जब हम दादी मां के साथ खाना खाते हैं, तब हम सभी फर्श पर पालथी मारकर ही खाना खाते हैं।'

मां ने हैरान होकर पूछा- 'तुम सभी नीचे बैठकर खाना खाते हो?'

ईशानी ने हंसते हुए कहा- 'दादी मां तो अभी भी कभी-कभी पिता जी को अपने हाथों से खाना खिलाती हैं। हम लोग हंस उठते हैं, तो दादी मां कहती हैं 'तुम लोग हंस रहे हो? जरा अपने पिता जी से पूछो, इसने अपने हाथों से कितने दिन खाना खाया है?'

मां ने मुसकराकर कहा- 'ऐसा क्या?'

'हां, मौसी जी।'

ईशानी ने कहा- 'पिता जी कहते हैं कि, दादी मां के हाथों से खाना नहीं खाने से उनका पेट ही नहीं भरता।'

जो भी हो, ईशानी ने भी नीचे, फर्श पर मां के पास बैठकर खाना खाया है। नीचे चार आदमियों के लिए जगह नहीं थी, सो मैंने और भाभी ने डायनिंग टेबल पर ही खाना खाया।

खाना खाते-खाते ही मैंने मां से कहा- 'जानती हो, मां... दादी मां के पास कौन सोएगा... इस बात को लेकर अभी भी ईशानी और इसके पिता जी के बीच लड़ाई होती है।'

ईशानी ने कहा- 'एक तो पिता जी दादी मां की इकलौती संतान हैं... उसके ऊपर पिता जी ने बहुत कम उम्र में ही दादा जी को खोया था। इसलिए दादी मां और पिता जी, एक दूसरे को छोड़कर रह नहीं पाते हैं।'

खाना खाने के बाद मेरे मां के कमरे की तरफ आगे बढ़ते ही भाभी ने कहा- 'छोटू

भईया। तुम हमारे कमरे में ही लेट जाओ।'

'क्यों?'

'मैं, मां और ईशानी मां के कमरे में सोएंगी।'

'तुम तीनों एक साथ एक कमरे में और मैं अकेला...।'

मां ने भी कहा- 'हां... तू बहू के कमरे में सो जा। ईशानी के साथ हमें कुछ बातें करनी हैं।'

'उसके साथ अलग से बात करने की क्या जरूरत है?'

मां ने गंभीर होकर कहा- 'वह सब मैं तुझे नहीं बता सकती।'

मैं क्या करता? भाभी के कमरे में चला गया।

शाम को ईशानी को साथ लेकर घूमने निकला तो मैंने उससे पूछा- 'मां और भाभी ने हम दोनों की शादी के बारे में तुम से कुछ चर्चा की?'

उसने हंसते हुए कहा- 'तुम तो अजीब लड़के हो। सेकेंड ईयर की परीक्षा देते-न-देते यह कैसे सोच रहे हो कि, वे लोग अभी से तुम्हारी शादी के बारे में सोचने लगेंगे?'

'तो फिर पूरी दोपहर तुम तीनों ने इतनी क्या बातें कीं?'

उसने गंभीर होकर कहा- 'तुम्हारे बड़े भईया और भाभी की शादी हुए सात साल गुजर गए। अभी तक उन दोनों को बच्चा न होने से मौसी जी काफी चिंतित हो उठी हैं।'

मैं भी यही सोच रहा था कि, उन लोगों की शायद कुछ समस्या है... लेकिन मैं छोटा होकर कैसे बड़े भईया और भाभी के साथ इस बारे में चर्चा कर सकता हूं?

कुछ देर बाद मैंने ईशानी से पूछा- 'तो तुमने क्या कहा?'

'मैंने कहा, पहले कुछ दिनों के लिए भाभी कोलकाता आएं। मैं उन्हें लेकर मेरी मां की सहेली डॉक्टर पूर्णिमा चटर्जी के पास ले चलूंगी। उसके बाद, अगर जरूरत पड़े, तो बड़े भईया को भी एक बार कोलकाता आना पड़ेगा।'

'हां, तुमने ठीक ही कहा। डॉक्टर पूर्णिमा चटर्जी के जैसी विदूषी कोलकाता में बहुत कम ही हैं।'

'इसके अलावा पूर्णिमा मौसी जितनी अच्छी तरीके से भाभी को देखेंगी, उसकी दूसरे डॉक्टरों से उम्मीद नहीं की जा सकती।'

'भाभी कोलकाता जाने के लिए तैयार हो गई?'

'हां।'

'भाभी कोलकाता कब आएंगी?'

'दो-एक हफ्ते के भीतर ही भाभी कोलकाता आएंगी।'

ईशानी ने थोड़ा मुसकराकर कहा- 'कोलकाता में भाभी हमारे घर पर ही ठहरा करेंगी।'

'सच?' मैंने पूछा।

ईशानी ने कहा- 'भाभी अगर बेलघरिया में तुम्हारी मौसी जी के पास ठहरती हैं, तो डॉक्टर के पास लाने ले जाने में काफी कुछ दिक्कत होगी... यह सब सोच कर मैंने भाभी को हमारे घर पर ही ठहरने को कहा।'

'तुम्हारे घर पर रहने से सच में सहूलियत होगी।'

❑❑❑

व्हिस्की के घूंट मारते हुए और भी बहुत कुछ याद आता है।

याद आता है बड़े भईया के जन्मदिन पर खुशी मनाने की बात... भाभी की कोलकाता आने की बात। भाभी को कुछ प्राब्लम थी। डॉक्टर, पूर्णिमा चटर्जी के इलाज से वह समस्या दूर हो जाने के बाद भाभी को साथ लेकर मैंने और ईशानी ने कुछ दिन बड़े मजे में बिताए थे।

उस समय भाभी ने एक दिन ईशानी की उपस्थिति में मुझसे पूछा था- 'छोटू भईया, तुम दोनों शादी कब कर रहे हो? डॉक्टरी पास करने के बाद या...?'

भाभी के अपनी बात खत्म करने से पहले ही ईशानी ने हंसते हुए कहा था- 'भाभी, तुमसे गलती हो रही है। तुम्हारे छोटू भइया मुझसे प्यार नहीं करते हैं। वह तो बलाका को चाहते हैं। वह बलाका के साथ ही फिल्म देखते हैं, विक्टोरिया मेमोरियल जाकर घंटों बिताते हैं।'

ईशानी ने पल भर रुकने के बाद कहा- 'मैं सैकत की सिर्फ गर्ल फ्रेंड हूं... उससे ज्यादा कुछ नहीं हूं।'

भाभी ने हैरान होकर कहा- 'यह तुम क्या कह रही हो, ईशानी?'

'विश्वास न हो, तो तुम अपने छोटू भइया से पूछकर देख लो, वह बलाका के साथ फिल्म देखते हैं या विक्टोरिया जाते हैं या नहीं...?'

भाभी ने हैरान होकर तुरंत मेरी तरफ देखकर पूछा- 'ईशानी क्या सच कह रही है? क्या तुम बलाका को साथ लेकर सच में...?'

मैंने भी गंभीर होकर जवाब दिया- 'हां... ईशानी सच कह रही है।'

भाभी के मौभंडार चले जाने के दो-चार दिन बाद मैंने ईशानी से कहा- 'मैं तो

सिर्फ एक दिन बलाका के साथ फिल्म देखने गया था... तुम क्या वह बात जिंदगी में कभी भी भूल नहीं पाओगी?'

'एक दिन भी क्यों जाओगे तुम?'

'मैं क्या अपनी मरजी से गया था? शैबाल जा नहीं पाया, सो बलाका जबरदस्ती मुझे अपने साथ ले गई थी।'

पल भर रुकने के बाद मैंने कहा- 'मैं बलाका के साथ इश्क फरमाने तो नहीं गया था। वह तो पहले से ही शैबाल के साथ...'

मुझे अपनी बात खत्म करने का मौका दिए बगैर ही ईशानी ने काफी जोर देकर कहा- 'यह सब बकवास है। बलाका तुम्हारे मामले में काफी आग्रही है।'

'लेकिन मैं तो आग्रही नहीं हूं।'

'बलाका जिस तरह तुम्हारे साथ हंसी-मजाक करती है... वह सब मुझे बिल्कुल पसंद नहीं है।'

'तो एक काम करते हैं।' मैंने हंसते हुए कहा।

'क्या?'

'चलो, हम दोनों रजिस्ट्री कर लेते हैं। तब तो तुम्हारी परेशानी दूर हो जाएगी?'

'सिर्फ रजिस्ट्री कर लेने से ही मेरी परेशानी दूर नहीं होगी।'

'तो तुम्हारी परेशानी किससे दूर होगी?'

ईशानी ने मेरी तरफ देखकर कहा- 'तुम्हें पूरी तरह से ना पाने तक मुझे चैन नहीं मिलेगा।'

उसने पल भर रुके रहने के बाद कहा- 'पहले मैं ऐसी नहीं थी... लेकिन आजकल देख रही हूं, तुम दूसरी लड़कियों से अगर थोड़ा-सा भी हंसी-मजाक करते हो, तो मुझसे बरदाश्त नहीं होता है।'

मैंने दबी हुई हंसी हंसकर कहा- 'यह तो स्वाभाविक है।'

उसने हैरान होकर पूछा- 'स्वाभाविक है?'

'सौ बार स्वाभाविक है। किसी को अगर तुम दिल से चाहते हो, तो इस तरह की जलन महसूस करना स्वाभाविक है।'

ईशानी ने मेरे सीने में अपना चेहरा छुपाकर एक गहरी सांस छोड़कर कहा- 'हां सैकत, तुमने सही कहा... मैं सचमुच तुमको दिल से चाहती हूं। तुम्हें छोड़कर और किसी के बारे में सोचने का मन नहीं करता है और तुम्हारे बगैर अच्छा भी नहीं लगता है।'

मैंने अचानक पूछा- 'अच्छा टुसिया! अगर किसी कारणवश मैं फेल हो जाता हूं, तब भी तुम मुझसे इसी तरह प्यार करोगी?'

उसने मुंह चिढ़ाकर कहा- 'तुम फेल हो ही नहीं सकते।'

थोड़ा मुसकराकर उसने कहा- 'अगर तुम फेल होते हो, तो पास कौन करेगा, जरा बताना मुझे।'

मैंने भी मुसकराकर कहा- 'तुम्हें क्या लगता है, मैं बैच का सबसे अच्छा स्टूडेंट हूं?'

'सबसे अच्छा अगर ना भी हो, फिर भी तुम अच्छे स्टूडेंटों में से एक जरूर हो।'

उसने थोड़ा रुककर कहा- 'मुझे लगता है... तुम, सुमन और शाहाना एनाटोमी में बहुत ही अच्छा रिजल्ट लाओगे। फिजियोलॉजी में शायद प्रदीप्त ही सबसे ज्यादा नम्बर हासिल करेगा और...।'

'लेकिन मुझे लगता है, फिजियोलॉजी में प्रदीप्त से भी ज्यादा नम्बर तुम्हें मिलेंगे और बायो-केमिस्ट्री में शौभिक जरूर रिकॉर्ड नम्बर हासिल करेगा।'

ईशानी ने थोड़ा मुसकराकर कहा- 'बीच में तो और सिर्फ दो ही दिन बचे हैं। बुधवार को ही दूध-का-दूध, पानी-का-पानी हो जाएगा। अभी से सर खपाने से क्या फायदा?'

सोमवार शाम को बड़े भईया की चिट्ठी मिली। बुधवार स्टील एक्सप्रेस से घोष मौसी के हावड़ा पहुंचने पर उनको रिसीव करना पड़ेगा और फिर उन्हें सियालदाह स्टेशन से कल्याणी सीमांत लोकल में बैठाना पड़ेगा।

सुबह दस बजकर बीस मिनट पर स्टील एक्सप्रेस को आना था, लेकिन आई सवा ग्यारह बजे। इसके बाद घोष मौसी को लेकर सियालदाह जाकर कल्याणी सीमांत लोकल में बैठाकर जब मैं मेस वापस आया, तब दोपहर को डेढ़ बज चुके थे।

मुझे देखकर ही जोगेन ने भागकर आया और हंसकर कहा- 'दादा बाबू! तुरंत रुपए निकालिए... रसगुल्ला खाऊंगा।'

'अचानक तुम्हें रसगुल्ला खाने का मन क्यों हुआ?'

'आप एनाटोमी में पहले नम्बर पर आए हैं।'

बस! यह सुनकर मैं ठीक किसी हिरन के जैसे भागकर कॉलेज पहुंच गया।

दूर से मुझे आते देखकर सुमन भागकर आया और मुझे अपने सीने से लगाकर कहा- 'बधाई हो! तूने एनाटोमी में सबको पीछे छोड़ दिया है।'

'और तू?'

'एनाटोमी में तुझसे कुछ कम नम्बर जरूर आए हैं, लेकिन बायो-केमिस्ट्री में मेरा और शौभिक के नम्बर ही सबसे ज्यादा हैं।'

'और फिजियोलॉजी में?'

'प्रदीप्त और ईशानी को सबसे ज्यादा नम्बर मिले हैं।'

'और सब लड़कियों का रिजल्ट कैसा है?'

'बलाका एनाटोमी में फेल हो गई है। बाकी लड़कियों का रिजल्ट अच्छा ही है।'

सुमन के मुंह से सब कुछ पता चल जाने के बावजूद अपनी आंखों से रिजल्ट देखने के लिए मेरे नोटिस बोर्ड के पास जाकर खड़े होते ही ईशानी ने पीछे से काफी जोर से मेरा एक हाथ खींचकर कहा- 'सैकत, नोटिस बोर्ड देखने की कोई जरूरत नहीं है। पहले मुंह मीठा कराओ।'

मैंने पीछे की तरफ मुड़कर मुसकराकर पूछा- 'तुम भी मेरा मुंह मीठा कराओगी न?'

'जरूर कराऊंगी... लेकिन पहले तुम।'

और भी दो-चार दोस्तों ने चिल्लाकर कहा- 'हां, सैकत, आज तुम्हें हम सभी का मुंह मीठा कराना पड़ेगा।'

उस दिन जेब में जितने पैसे थे, सब खर्च करके दोस्तों को खिलाना पड़ा, तब जाकर उन सभी के हाथों से मुक्ति मिली।

ईशानी ने पूछा- 'तुम क्या अब मेस वापस जाओगे?'

'नहीं, पहले फोन करके बड़े भईया को खबर देनी पड़ेगी।'

'हमारे घर चलो। वहां से ही बड़े भईया को फोन कर लेना।'

'सुझाव बुरा नहीं है।'

उस दिन ईशानी अपने घर के अंदर पांव रखते ही चिल्ला उठी- 'दादी मां, तुम्हारा ब्वॉय फ्रेंड एनाटोमी में पहले नम्बर पर आया है और मैं फिजियोलॉजी में प्रथम आई हूं।'

खबर सुनकर ईशानी की मां और दादी मां खुशी से जैसी पागल हो उठीं। दोनों ने ही हम दोनों को बधाई दी।

मौसी जी ने तुरंत फोन पर मौसा जी को खबर दे दी। मैंने भी बड़े भईया को फोन पर खबर दे दी। उफ्... बड़े भईया से खुशी में कुछ पल कुछ भी कह नहीं पाया।

उसके बाद?

पहले जैसे ही दादी मां के साथ गप्पबाजी और मौसी जी की दुआ से भरपेट खाना खाकर ईशानी के कमरे के अंदर पाव रखते ही उसने मुझसे लिपट कर कहा– 'सैकत, भविष्य में भी हम दोनों ठीक इसी तरह आगे बढ़ पाएंगे न?'

'जरूर हम दोनों ठीक इसी तरह आगे बढ़ते जाएंगे।'

'हां... मुझे भी ऐसा ही लगता है।'

उसने थोड़ी देर रुककर कहा– 'अगले तीन साल हमें बहुत मेहनत करनी पड़ेगी।'

मैंने मुसकराकर कहा– 'सिर्फ मेहनत ही नहीं करनी पड़ेगी... जी-जान से मेहनत करनी पड़ेगी।'

उसके बाद हम दोनों में और भी बहुत सारी बातें होती रहीं।

उसके बाद?

अचानक ईशानी ने अपने दोनों हाथों से मेरा चेहरा थामकर मुझे एक किस देकर हंसते हुए कहा– 'तुम खुश हो न?'

'इससे बड़ा पुरस्कार तो और कुछ हो ही नहीं सकता।'

❑❑❑

अचानक रमणीमोहन ने आकर कहा– 'सर, आप और मत पीजिए। रात के दो बज रहे हैं।'

मैं मुंह से कुछ न कहकर चुपचाप अपने कमरे में जाकर बिस्तर पर लेट गया।

॥ छः ॥

अचानक एक दिन सुबह नींद से जाग कर मैंने अविष्कार किया कि, आज से ठीक दो साल पहले मैं मार्घेरिटा आया था।

चाय का घूंट भरकर मैंने सोचा, कुछ दिन पहले ही तो मैं हवाई जहाज में सफर करके डिब्रूगढ़ हवाई अड्डे पर उतरा था। उसके बाद कार से मार्घेरिटा। देखते-देखते दो साल बीत गए।

जब मैं पहली-पहली बार यहां आया था, तब मेरे दिल में न जाने कितनी दुविधा थी।

और अब?

जो लोग आधुनिक सभ्यता और विज्ञान की तरक्की के बहुत से उपकरण और उत्पादन से अपने आपको वंचित रखकर धरती की गहराई से कोयला उठाकर लाकर हमारी यांत्रिक सभ्यता को जिंदा रख रहे हैं, उन लोगों के प्रति श्रद्धा और प्यार से मेरा दिल भर उठता है।

चिलचिलाती धूप और बारिश के बीच अगर लाखों इंसान खेतों पर काम न करते, तो इस धरती के हरेक इंसान को शायद भूखा ही रहना पड़ता। बहुत से इंसान तो हर रोज अपनी जान-जोखिम में डाल कर समुंद्र की गहराई से हमारे लिए खाने का इंतजाम कर रहे हैं। लाखों वैज्ञानिक अपनी व्यक्तिगत जिंदगी को ताक पर रखकर पूरी जिंदगी शोध के काम करके अनगिनत जीवनदायी दवाइयां और हमारी जिंदगी को सहज-सरल और खुशी से भर देने के लिए अनगिनत उपकरणों का अविष्कार कर रहें हैं।

और इसीलिए ही, मार्घेरिटा आने के बाद मुझे बार-बार ऐसा लगा कि, पूरी दुनिया में इसी तरह के कुछ इंसानों के कारण ही दुनिया के आधे से ज्यादा लोग आज सुख-चैन से जिंदगी बिता रहे हैं... लेकिन जिन लोगों की दुआ से हम इन सब सुख-चैन उपभोग कर रहे हैं... उन लोगों को कितने लोग याद करते हैं?

मैंने भी पहले कभी इन लोगों के बारे में नहीं सोचा था... सोचने की जरूरत भी

महसूस नहीं की थी, लेकिन, यहां पर आकर यहां की कोयला खानों में काम करने वाले इन सब लोगों को अपनी जान जोखिम में डाल कर धरती की गहराइयों से सम्पदा बाहर लाकर मानव-सभ्यता को आगे बढ़ाते हुए देखकर अब, हर पल इन सब लोगों के बारे में सोचना पड़ता है और मैं इन लोगों के बारे में जितना सोचता हूं, श्रद्धा से मेरा सिर उतना ही झुक जाता है।

सच बात तो यह है कि, जितनी देर मैं अपने आप को इन लोगों की सेवा में जोड़ कर रखता हूं, उतनी देर मैं खुश रहता हूं। भूल जाता हूं अपनी नाकाम मुहब्बत की वेदना को।

उस दिन सुबह अस्पताल पहुंचते ही सी.एम.ओ. डॉक्टर दास ने मुझसे कहा- 'सैकत जी, अपना काम खत्म होने पर आप जरा मुझसे एक बार मिलकर जाना।'

काम खत्म करके सी.एम.ओ. साहब के चेम्बर में पांव रखते ही मैंने देखा, रोज की गप्पबाजी लगभग खत्म होने वाली है। सी.एम.ओ. साहब के अलावा उस समय वहां पर सिर्फ डॉक्टर हजारिका और उनकी पत्नी डॉक्टर नीलिमा हजारिका थे।

मेरे कुर्सी पर बैठते ही सी.एम.ओ. साहब ने पूछा- 'आप कभी गारो पहाड़ पर गए हैं?'

'नहीं।'

'इसका मतलब, आपने तुरा भी नहीं देखे हैं।'

'नहीं।'

थोड़ी देर रुककर मैंने पूछा- 'ये तुरा कहां पर है?'

'गारो पहाड़ी का मुख्यालय।'

सी.एम.ओ. साहब ने थोड़ी देर रुककर कहा- 'गारो, खासी और जयन्ती हील्स- इन तीनों को लेकर बना है मेघालय। खासी हिल्स का मुख्यालय शिलांग मेघालय की राजधानी है।'

मैं चुप रहा।

डॉक्टर दास ने मुसकराकर पूछा- 'आप तुरा जाएंगे?'

'क्या आप मेरा तबादला करने के बारे में सोच रहे हैं, सर?'

'नहीं-नहीं। कुछ दिनों के लिए आपको जाना पड़ेगा।'

मैंने हंसकर पूछा- 'अचानक आप मुझे वहां पर भेजने के बारे में क्यों सोच रहे हैं?'

'दो वजह से।'

उन्होंने हंसते हुए ही कहा- 'पहला कारण यह है कि, आप अभी तक कुंवारे हैं।

आपके साथ फैमिली प्राब्लम नहीं है...।'

'और दूसरी वजह?'

'मुझे ऐसा लगा कि, चूंकि आप नार्थ-ईस्ट में इससे पहले कभी नहीं आए और आपने खास कुछ देखा भी नहीं... सो आप तुरा जाने के लिए तैयार हो जाएंगे।'

'वहां पर किस काम से जाना पड़ेगा?'

'तुरा में सी.एम.पी.डी.आई. का एक छोटा-सा दफ्तर है।'

'सी.एम.पी.डी.आई., मतलब?'

'सेन्ट्रल माइन पलानिंग एण्ड डिजाइन इंस्टीट्यूट।'

उन्होंने थोड़ी देर रुककर कहा- 'मेघालय में काफी जगह पर कोयला मिलता है। कुछ प्राइवेट माइनिंग वाले वहां पर काम कर रहे हैं ठीक ही... लेकिन हमारी एन.ई.सी.एल. माइनिंग शुरू करने जा रही हैं और इसीलिए तुरा में सी.एम.पी.डी.आई.-का दफ्तर शुरू किया गया है।'

'वहां पर क्या हमारा कोई अस्पताल भी है?'

'नहीं-नहीं, न अस्पताल है, न ही डिस्पेंसरी।'

डॉक्टर दास ने फिर से थोड़ी देर रुककर कहा- 'उस दफ्तर के कुछ अफसर अचानक बीमार पड़ गए हैं। तुरा के दो एक डॉक्टर शायद उन लोगों का इलाज ठीक ढंग से नहीं कर पा रहे हैं।'

'इसीलिए, हमारे यहां से किसी को भेजने का ऑर्डर आया है?'

'ठीक समझा आपने।'

'कब जाना पड़ेगा?'

'हो सके तो, कल ही रवाना होना पड़ेगा।'

'कैसे जाना है?'

'यहां से हवाई जहाज में बैठकर गुवाहाटी पहुंचना है, फिर वहां से कार लेकर पांच-छह घंटे का सफर है।'

'वहां पर कितने दिन रहना पड़ेगा?'

'मुझे लगता है, पांच-सात दिनों के भीतर ही आपका काम खत्म हो जाएगा। अगर आपको वह जगह पसंद आ जाती है, तो आप ऊपर से दो-चार दिन और रह जाना।'

'मुझे क्या अकेला जाना पड़ेगा?'

'जी.एम. ऑफिस के मि. सरकार इससे पहले तुरा में थे, सो जी.एम. साहब शायद उन्हें भी आपके साथ भेजेंगे।'

मैंने एक पल भी समय न गंवाकर कहा- 'ठीक है। मैं कल ही जाने के लिए तैयार हूं।'

डॉक्टर दास ने तुरंत जी.एम. साहब को फोन पर बता दिया- 'सर, सैकत कल ही जाने के लिए तैयार है।'

जी.एम. साहब से दो-पांच मिनट बातें करने के पश्चात् सी.एम.ओ. साहब ने कहा- 'जी.एम. साहब ने आपको परसों रवाना होने के लिए कहा है।'

'क्यों?'

'कल गुवाहाटी के लिए कोई भी फ्लाईट नहीं है।'

'अच्छा।'

'जी.एम. साहब ने आज आपको अपने घर डिनर पर बुलाया है। उन्होंने आपको शाम साढ़े सात के बीच उनके घर पहुंच जाने के लिए कहा है।'

मैं थोड़ा हंस दिया।

'जी.एम. साहब तुरा के बारे में आपसे चर्चा करेंगे।'

'आप डिनर पर नहीं जाएंगे?'

उन्होंने मुसकराकर कहा- 'हां... मैं भी वहां रहूंगा।'

शाम के बाद जी.एम. साहब के बंगले पर पहुंचकर देखा, सी.एम.ओ. साहब और मि. सरकार मुझसे पहले ही वहां पहुंच गए हैं।

जी.एम. साहब ने मुझसे हाथ मिलाकर कहा- 'मि. सैकत, आपके तुरा जाने के लिए तैयार होने पर मैं बहुत ही खुश हूं। मुझे लगता है, आपके जैसे नौजवानों को कभी भी किसी काम के लिए *'न'* नहीं कहना चाहिए।'

मि. बनर्जी ने अपनी मशहूर हंसी हंसकर कहा- 'और इसके लिए मैं आपको पुरस्कृत करुंगा।'

मैंने थोड़ा मुसकराकर कहा- 'तुरा जा रहा हूं, इसलिए इनाम भी मिलेगा?'

'ज़रुर।'

'सर, आप मुझे क्या इनाम देंगे?'

'पहले व्हिस्की का घूंट मारिये। उसके बाद डॉक्टर दास ही आपको इनाम के बारे में बताएंगे।'

सेन्टर टेबल के ऊपर से हम सभी ने व्हिस्की के ग्लास उठा लिए और एक-एक घूंट मारते ही सी.एम.ओ. साहब ने मुसकराकर मुझसे कहा- 'सर ने आपके लिए शिलांग घूमने का भी बंदोबस्त कर दिया है।'

मैं खुशी से लगभग चिल्ला उठा- 'व्हाट ए प्लेजन्ट सरप्राइज दिस ईज।'

व्हिस्की पीते-पीते ही मि. बनर्जी ने मुझसे कहा- 'आप परसों गुवाहाटी हवाई अड्डे से सीधे तुरा चले जाएंगे। आप जिस गाड़ी से तुरा जाएंगे, वह गाड़ी आपके पास ही रहेगी।'

'वहां पर मैं ठहरुंगा कहां ?'

'मेघालय टूरिज्म के *'अर्किड टूरिस्ट लॉज'* में।'

उन्होंने थोड़ी देर रुककर कहा- 'वहां आपका काम खत्म हो जाने के बाद अगर मन करे, तो दो-एक दिन और रह जाना। उसके बाद आप एक रात के लिए गुवाहाटी वापस लौट आएंगे।'

डॉक्टर दास ने कहा- 'गुवाहाटी में एक रात बिताकर आप शिलांग चले जाएंगे।'

मि. बनर्जी ने कहा- 'आप जिस गाड़ी से तुरा जाएंगे, उसी गाड़ी से आप शिलांग जाएंगे।'

'शिलांग में क्या हमारा कोई गेस्ट हाउस है ?'

'नहीं, गेस्ट हाउस नहीं है... लेकिन वहां हमारे दफ्तर में ही दो गेस्ट रूम हैं।'

जी.एम. साहब ने सिगरेट का एक लम्बा कश लगाकर कहा- 'वहां हमारा कोई कुक नहीं हैं। आपको खाना बाहर ही खाना पड़ेगा।'

'हां-हां... उसके लिए कोई समस्या नहीं होगी।'

'आप वहां पर दो-तीन रोज रहिए... चेरापूंजी और शिलांग के प्राकृतिक सौन्दर्य का उपभोग कीजिए।'

उन्होंने व्हिस्की के ग्लास में से घूंट मारकर कहा- 'उसके बाद गुवाहाटी वापस आकर फिर से हमारे यहां पांडव-वर्जित जगह पर वापस आ जाइयेगा।'

मैं हंस दिया।

'गुवाहाटी ऑफिस को इत्तला दे दी गयी है। आपको किसी भी तरह की कोई समस्या नहीं होनी चाहिए। सबसे ऊपर सरकार की तरफ से भी यह कोशिश रहेगी कि, आपका सफर सफल हो।'

अचानक मेरे दिमाग में एक बात आई। मैंने थोड़ा मुसकराकर कहा- 'मेरा एक अनुरोध है।'

जी.एम. साहब ने मुसकराकर कहा- 'हां, बताइये... मैं आपके लिए क्या कर सकता हूं ?'

'सर, दो साल से ऊपर हो गए, मैं अपने घर नहीं गया हूं... मां से भी नहीं मिला हूं। अगर आप कृपा करें...।'

मुझे मेरी बात खत्म करने का मौका न देकर उन्होंने कहा- 'आप दो साल से घर

क्यों नहीं गए? क्या आपने छुट्टी के लिए दरख्वास्त दी थी?'

'नहीं, सर, दरख्वास्त तो नहीं दी थी।'

उन्होंने व्हिस्की का घूंट मारकर हंसकर कहा- 'तो फिर गलती किसकी है? आपकी या हमारी?'

मेरी तरफ से किसी जवाब का इंतजार न करके ही उन्होंने सी.एम.ओ. साहब की तरफ देखकर कहा- 'क्या हम अभी कुछ दिनों के लिए सैकत की छुट्टी मंजूर कर सकते हैं?'

'सैकत जी ने जब दो साल से छुट्टी नहीं ली है, तब मैं *'न'* कैसे कह सकता हूं?'

मि. बनर्जी ने हंसते हुए मुझसे पूछा- 'छुट्टी बिताने के बाद आप फिर से यहां पर वापस आएंगे न? या पुरानी गर्ल फ्रेंड से शादी रचाकर वहां ही रह जाएंगे?'

मैंने भी हंसते हुए ही कहा- 'पुरानी हो या नई... मैं किसी भी गर्लफ्रेंड से शादी रचाने के लिए घर नहीं जा रहा हूं। छुट्टी खत्म होने से एक दिन पहले ही मैं वापस आ जाऊंगा।'

जी.एम. साहब ने सिगरेट का एक लम्बा कश लगाकर ढेर सारा धुंआ छोड़कर कहा- 'दैट्स लाइक ए गुड ब्वॉय।'

इस बार मि. सरकार ने आगे बढ़ते हुए काफी शर्मीले अंदाज में जी.एम. साहब से कहा- 'सर, अगर आप अनुमति दें, तो मैं अपनी बीवी को भी अपने साथ लेकर जाना चाहता हूं।'

'कोल इंडिया का एक पैसा भी खर्च न करके आप उनको अपने साथ ले जा सकते हैं।'

उन्होंने पल भर रुके रहने के बाद कहा- 'तुरा या गुवाहाटी में अगर आपकी बीवी आपके साथ एक ही कमरे में रात गुजारती है, तो इस मामले में खुद प्रधानमंत्री या राष्ट्रपति भी एतराज नहीं कर सकते।'

उनकी बातें सुनकर हम सभी हंस पड़े।

मि. सरकार ने फिर से कहा- 'सर, डॉक्टर साहब तो गाड़ी से शिलांग आवा जाही करेंगे। आपको कोई एतराज न हो, तो मैं कुछ दिनों की छुट्टी लेकर अपनी मिसेज को भी शिलांग घुमाकर लाता।'

'अगर सैकत जी की तरफ से कोई एतराज न हो, तो आप अपनी मिसेज को जरूर उस गाड़ी में ले जा सकते हैं।'

मैंने तुरंत मुसकरा कर कहा- 'नहीं-नहीं। मुझे क्यों एतराज होगा?'

उस रात जी.एम. साहब के बंगले से काफी खुशगवार मूड में अपने डेरे पर वापस

आया।

अगले दिन अस्पताल में सी.एम.ओ. साहब ने पूछा- 'सैकत जी! आपको कितने दिनों के लिए छुट्टी चाहिए?'

'पन्द्रह दिन... उससे ज्यादा नहीं।'

'सिर्फ पन्द्रह दिन?'

'हां... जरूरत पड़ने पर आप फिर से छुट्टी नहीं देंगे?'

'जरूरत पड़ने पर आप जरूर छुट्टी लेंगे।'

उस दिन शाम के बाद मैं अगले दिन के सफर के लिए सामान बांध रहा था, ठीक उसी वक्त सरकार दम्पति आए।

रमणीमोहन ने उन दोनों के आने की इत्तला देते ही मैं ड्राइंग रूम में आ गया।

मुझे देखकर ही मिसेज सरकार ने कहा- 'हम दोनों के इस तरह अचानक आने से आपको कुछ परेशानी जरूर हुई होगी।'

मैंने मुसकाराकर कहा- 'आपकी जैसी हसीन महिला की पदधूलि से इस नाचीज बैचलर का डेरा धन्य हो उठा है। आपके आने से मुझे परेशानी क्यों होगी?'

मि. सरकार ने पूछा- 'क्या आप किसी काम में व्यस्त थे?'

'कल सुबह-सुबह रवाना होना पड़ेगा। सो सूटकेस में कुछ कपड़े भर रहा था।'

पल भर रुकने के बाद मैंने कहा- 'मि. सरकार, आप क्या एक ड्रिंक लेंगे?'

'हां... ले सकता हूं।'

मिसेज सरकार की तरफ देखकर मैंने पूछा- 'आप क्या लेंगी?'

'चाय-कॉफी... कुछ भी।'

रहणीमोहन दरवाजे के पास ही खड़ा था। वह हमारी बातें सुनकर ही अंदर चला गया और थोड़ी देर बाद दो ग्लासों में व्हिस्की और एक बोतल ठंडा पानी देकर चला गया।

हम दोनों के दो-एक घूंट व्हिस्की पीते-पीते रमणीमोहन आकर मिसेज सरकार को कॉफी दे गया।

कॉफी के प्याले में घूंट मारकर मिसेज सरकार ने मुझसे कहा- 'मैं साथ जा रही हूं, इससे आपको कोई परेशानी तो नहीं होगी न?'

'नहीं-नहीं, मुझे कोई परेशानी नहीं होगी।'

'मैं कभी तुरा नहीं गई, शिलांग भी नहीं गई। इसलिए सोचा, इस अवसर पर अगर मैं वह दोनों जगह घूमकर नहीं आई, तो शायद जिंदगी में कभी भी नहीं जा

पाऊंगी।'

मैंने मुसकराकर कहा- 'आप दोनों की वजह से मेरा भी समय अच्छा ही बीतेगा।'

मि. सरकार ने कहा- 'इससे पहले मैं जब तुरा में पोस्टेड था, तब मेरे ससुर जी बीमार थे, इसलिए मिसेज को साथ नहीं लेकर गया था। उस समय दफ्तर की छुट्टी के बाद दोस्तों के साथ गप्पबाजी करके समय बिताना पड़ता था।'

उन्होंने थोड़ी देर रुककर कहा- 'उन सब दोस्तों से फिर से मुलाकात होगी और इसी कारण ही मैं तुरा जाने के लिए तैयार हो गया।'

थोड़ी देर और गप्पबाजी करके वे लोग चले गए।

मैं भी थोड़ी देर बाद खाना-पीना ख़ाकर सो गया।

अगले दिन सुबह मार्घेरिटा से डिब्रूगढ़ हवाई अड्डे पहुंचने में जितना समय लगा, उससे आधे समय में हम लोग डिब्रूगढ़ से गुवाहाटी पहुंच गए।

टर्मिनल बिल्डिंग से बाहर आते ही मैंने देखा, एक सज्जन मेरा नाम लिखी हुई एक तख्ती हाथ में लेकर खड़े हैं। उनको मेरा परिचय देते ही उन्होंने दोनों हाथ जोड़कर नमस्कार करके कहा- 'सर, मैं अशोक हूं। मैं ही आप लोगों को शिलांग और तुरा ले चलूंगा।'

अशोक ने हमारे सामान को कार की डिग्गी में रखकर पीछे वाला दरवाजा खोल दिया।

मैंने मि. सरकार से कहा- 'आप लोग पीछे बैठिए, मैं आगे बैठता हूं।'

मि. सरकार ने काफी ऊंचे स्वर में कहा- 'नामुमकिन! आपको मैं आगे हरगिज बैठने नहीं दूंगा।'

'प्लीज, आप लोग पीछे बैठिए, मैं...।'

'यह गाड़ी आपके लिए भेजी गयी है और आप आगे बैठेंगे, यह कभी नहीं हो सकता।'

मैंने फिर भी कई बार उनसे अनुरोध किया, लेकिन उन्होंने नहीं माना।

मिसेज सरकार ने मुसकराकर कहा- 'मेरे साथ बैठने से आपका धर्म नष्ट नहीं हो जाएगा।'

मैंने दबी हुई हंसी हंसकर कहा- 'धर्म तो नष्ट नहीं होगा, लेकिन सभी लोग मुझसे जलेंगे।'

'जलेंगे या उन सबको दु:ख पहुंचेगा, यह सब बाद में सोचा जाएगा। अब आप

गाड़ी में बैठ जाइए।'

'पहले आप।'

मिसेज सरकार के गाड़ी में बैठते ही मैं भी गाड़ी में बैठ जाता हूं। मि. सरकार के आगे बैठते ही अशोक ने गाड़ी स्टार्ट कर दी।

गुवाहाटी शहर और ब्रह्मपुत्र को बगल में रखकर हमारी गाड़ी आगे बढ़ती रही। मैंने दोनों आंखें भर के चारों तरफ का नजारा देखा। कभी गहरा जंगल, कभी गांव या दोनों तरफ खेत देखते-देखते मैंने अपने आपको कहीं खो दिया। अचानक ईशानी याद आ गई।

❑❑❑

'अच्छा सैकत, तुम्हें गाड़ी चलानी आती है?'

'मैं स्कूटर तक चला सकता हूं।'

थोड़ी देर रुककर मैंने कहा- 'बड़े भईया के पास स्कूटर है, सो मैंने भी स्कूटर चलाना सीखा है।'

ईशानी ने मेरे हाथों के ऊपर अपना एक हाथ रखकर कहा- 'तुम अगर कोशिश करो, तो एक हफ्ते के भीतर ही तुम गाड़ी चलाना सीख जाओगे।'

'तुम्हें जरूर गाड़ी चलाना आता है... है न?'

'हां... आता है।'

उसने बिना रुके ही कहा- 'मैं जब दसवीं कक्षा में पढ़ती थी, उस समय पिता जी ने मुझे ड्राइविंग सिखा दी थी। उसके बाद पिता जी जब भी दुर्गापुर से आते थे, तब पिताजी के साथ मैं गाड़ी लेकर आस-पास कहीं-न-कहीं जाती थी और इसी तरह मैं अच्छी तरह से गाड़ी चलाना सीख गई थी।'

'लेकिन मैंने तो कभी तुम्हारे पिताजी या बड़े भईया को गाड़ी लेकर आते नहीं देखा।'

ईशानी ने हंसते हुए कहा- 'पिताजी कहते हैं, जी.टी. रोड पर गाड़ी चलाने से काफी आसान काम है हिमालय की चोटी पर गाड़ी चलाना।'

'सच में, कोलकाता के रास्तों का हाल काफी खराब हो चुका है।'

ईशानी ने हंसते हुए कहा- 'और एक साल बाद ही हम लोग एम.बी.बी.एस. पास हो जाएंगे। उसके बाद एक दिन एम.डी. की परीक्षा भी खत्म हो जाएगी।'

मैंने थोड़ा मुसकराकर कहा- 'हो रही थी गाड़ी की बातें और तुमने एक छलांग में एम.डी. पास करा दिया? बात क्या है? तुम कहना क्या चाहती हो?'

ईशानी ने मेरी आंखों में आंखें डालकर कहा- 'हम दोनों एम.डी. हो जाने के बाद नौकरी करेंगे और नौकरी शुरू करने के तुरंत बाद हम गाड़ी खरीदेंगे।'

उसकी बातें सुनकर मैं हंस उठा।

'तुम हंस क्यों रहे हो ? हम दोनों मिलकर क्या एक गाड़ी भी नहीं खरीद सकते ?'

मैंने किसी तरह हंसी छुपाकर कहा- 'हां-हां... क्यूं नहीं ?'

'उसके बाद जब भी हमें छुट्टी मिलेगी, हम दोनों गाड़ी लेकर निकल पड़ेंगे। हम कभी भी हवाई जहाज से नहीं घूमेंगे। गाड़ी से ही हम पूरा भारतवर्ष घूमेंगे। पागलों की तरह घूमेंगे।'

मेरे कुछ कहने के पहले ही ईशानी ने दोनों हाथों से मेरा चेहरा थामकर दोनों आंखों को बड़ा-बड़ा करके कहा- 'सैकत, तब कितना मजा आएगा... है न ?'

मैंने गंभीर होकर कहा- 'हमारे बच्चे नहीं होंगे ?'

'सौ बार होंगे।'

उसने एक ही सांस में कहा- 'बच्चे होने के बाद हम बच्चों को साथ लेकर ही घूमेंगे।'

आज अशोक की गाड़ी में बैठकर तुरा जाते हुए बार-बार ऐसा लग रहा है, अगर आज ईशानी मेरे पास होती, तो...।

❑❑❑

मि. सरकार के गर्दन घुमाकर कुछ कहते ही मैं स्वप्नलोक से इस दुनिया में वापस आ जाता हूं, लेकिन उनकी बातें मैं ठीक से सुन नहीं पाता हूं।

मैंने पूछा- 'मि. सरकार, आपने कुछ कहा क्या ?'

'इस वक्त हम लोग गोयालपाड़ा से गुजर रहे हैं। इसी गोयालपाड़ा के राजा थे प्रमथेश बरूआ साहब।'

'अच्छा ?'

'हां।'

'क्या हमें बरूआ साहब का महल दिखाई देगा ?'

'नहीं, हम महल नहीं देख पाएंगे।'

उन्होंने थोड़ी देर रुककर कहा- 'हम गोयालपाड़ा जिले के अंदर से जा रहे हैं... लेकिन गोयालपाड़ा जगह धुबरी के पास है। तुरा जाने वाले रास्ते में वह जगह नहीं आएगी।'

मिसेज सरकार ने गर्दन घुमाकर मेरी तरफ देखकर मुसकराकर कहा- 'आप

इतनी देर तक किस सोच में डूबे हुए थे?'

'नहीं, ऐसा कुछ भी नहीं है।'

'आपके कहने से मैं मान जाऊंगी? इस बीच मैंने कम-से-कम तीन-चार बार आपसे बातें करके भी देख लिया कि, आपके कानों में मेरी बातें घुस ही नहीं रही हैं।'

'मैं थोड़ा अनमना सा हो गया था... और कुछ नहीं।'

दो-एक मिनट चुप रहने के बाद उन्होंने पूछा- 'आपने प्रमथेश बरूआ साहब की कोई फिल्म देखी है?'

'नहीं, इतना सौभाग्य मुझे नहीं मिला। लेकिन, मां के मुंह से उनके बारे में मैं बहुत कुछ सुन चुका हूं।'

'आपकी मां ने शायद बरूआ साहब की बहुत सारी फिल्में देखी हैं।'

'हां, मां ने शायद बरूआ साहब की सभी फिल्में देखी हैं।'

थोड़ी देर रुककर मैंने कहा- 'बरूआ साहब मेरी ननिहाल में बीच-बीच में आते थे।'

'सच?'

'हां... मेरे मंझले नानाजी और बरूआ साहब न सिर्फ एक साथ प्रेसिडेंसी कॉलेज में पढ़ते थे, बल्कि एक ही साथ एक ही जहाज में बैठकर वे दोनों विलायत भी गए थे।'

'आपके मंझले नानाजी के पास ही बरूआ साहब आते थे?'

'हां।'

मैंने थोड़ा मुसकराकर कहा- 'इसके अलावा बरूआ साहब का मेरे ननिहाल में आने के पीछे एक कारण भी था।'

मेरी बात सुनने के लिए मिसेज सरकार मेरी तरफ एकटक देखती रहीं।

मैं कहता गया- 'मेरी नानी मां का गांव गोयालपाड़ा था। इसलिए, नानी मां के हाथ का बनाया हुआ उस इलाके का तरह-तरह की खाना खाने के लालच से भी बरूआ साहब मेरे ननिहाल में बीच-बीच में आते थे।'

'ओह...! समझी।'

थोड़ी देर बाद एक बाजार के पास गाड़ी रोककर अशोक ने मुझसे कहा- 'सर, आप लोगों की सीट के पीछे लंच पैकेट और तीन-चार पानी की बोतल रखी हुई हैं। आप लोग खाना खा लीजिए।'

'लंच पैकेट कहां से आये?'

मि. सरकार ने कहा- 'जी.एम. साहब ने हमारे गुवाहाटी गेस्ट हाउस के इंचार्ज दासगुप्ता साहब से कहा था...।'

'सच में, हमारे जी.एम. साहब की तुलना नहीं है। सब तरफ उनकी नजर रहती है।'

जो भी हो, खाना खाकर हमारा सफर फिर से शुरू हुआ...।

पहाड़ों पर चक्कर लगा कर ऊपर की तरफ उठते हुए अशोक ने कहा- 'सर, हम आ गए।'

बाहर की तरफ नजर डालकर मैंने चारों तरफ सिर्फ पहाड़-ही-पहाड़ देखे। समुद्र की लहरों के जैसे यहां पर पहाड़ों की लहर देखने को मिलती हैं। कहीं हरी-भरी, कहीं रुखा। कहीं बत्ती नजर आती हैं, तो कहीं खेत नजर आता है। उसके बाद अचानक रास्ते के किनारे छोटी-बड़ी दुकानें-मकान देखकर ही मैं समझ गया, हम शहर के अंदर प्रवेश कर चुके हैं।

उसके बाद अशोक ने गाड़ी को बाईं तरफ मोड़ते ही मि. सरकार ने कहा- 'सर, सामने ही टूरिस्ट लॉज है और उसके ठीक बगल में ही सी.एम.पी.डी.आई.- का नया कॉम्पलेक्स तैयार होगा।'

दो-तीन मिनट के अंदर हमारी गाड़ी अर्किड टूरिस्ट लॉज के आगे आकर रुकी।

गाड़ी से उतरकर एक बार के लिए चारों तरफ नजर घुमाकर ही मेरी जुबान पर आया- 'वाह... अति सुन्दर।'

बगल में खड़े होकर मिसेज सरकार ने कहा- 'सच में, बहुत ही सुंदर है।'

अगल-बगल के दो कमरों में हम लोग ठहरे। हाथ-मुंह धोकर थोड़ा साफ-सुथरा होते ही चाय-नाश्ता आ गया। चाय-नाश्ता खत्म होने से पहले ही दरवाजे पर आवाज हुई।

'अंदर आ जाइए।'

मि. सरकार ने कमरे के अंदर आते ही कहा- 'डॉक्टर साहब, मैं जरा ऑफिसर लोगों को खबर देकर आता हूं कि, आप आ गए।'

'चलिए, मैं भी थोड़ा घूमकर आता हूं।'

'आप जरा आराम कीजिए।'

'पहले उन लोगों से मिलकर आता हूं, बाद में आराम करूंगा।'

'तो फिर चलिए।'

पांच-सात मिनट के भीतर ही हम पहुंच गए। दफ़्तर और ऑफिसरों का डेरा

अगल-बगल ही है। वहां का वातावरण मुझे बहुत ही पसंद आया। लेकिन, अगर ठीक सामने ही एक सिनेमा हॉल न होता, तो शायद और भी अच्छा होता। लेकिन हां, कोलकाता के सिनेमा हॉल के आगे जैसे पान-बीड़ी-सिगरेट-कोल्ड ड्रिंक की दुकानों की कतार देखने को मिलती हैं... यहां पर वह सब कुछ भी नहीं है। दादाओं की दादागिरी भी नहीं है।

मुझे आते देखकर ऑफिसर लोग थोड़ा-सा हैरान हो उठे। वे लोग शायद यह सोच रहे थे कि, मैं कल सुबह आऊंगा। लेकिन मेरे आने से वे लोग खुश भी हुए।

चेकअप करने के बाद पता चला कि, पांचों ऑफिसरों को ही थोड़ा-बहुत बुखार है। सभी को बदन दर्द, सिरदर्द की शिकायत है। सभी का लिवर काफी बढ़ चुका है और बदन पर भी कम-ज्यादा रैशेस देखने को मिले।

पता चला कि, ये पांचों ऑफिसर यहां अकेले रहते हैं... खाना बनाने के लिए एक आदमी है। वह छुट्टी लेकर अपने गांव गया है। एक आदमी किसी तरह ऑफिसरों को खाना बना कर दे रहा है।

मि. बल ने कहा- 'वह आदमी मीट छोड़कर और कुछ पकाना नहीं जानता है। उसके हाथ का बनाया हुआ मीट काफी सख्त रहता है, खाने में भी स्वाद नहीं रहता है।'

मैंने फटाफट पर्ची लिखकर कहा- 'फिक्र करने की कोई बात नहीं है। कुछ ही दिनों के अंदर आप लोग स्वस्थ हो उठेंगे। लेकिन, आज रात से ही उस आदमी के हाथ का बनाया हुआ खाना आप लोगों को नहीं खाना है।'

दो-तीन ऑफिसर एक ही साथ पूछा- 'क्यों?'

'पशुओं का मीट अगर अच्छी तरह से साफ न करके पकाया जाये, तो *'टॉक्स-प्लाजमा गोंडाई'* नाम का एक तरह का जहरीला कीटाणु लोगों के शरीर में घुस जाता है। इस बीमारी को *'टॉक्स प्लसेमसिस'* कहते हैं।'

पल भर के लिए रुककर मैंने फिर से कहा- 'मुझे ऐसा लग रहा है कि, आप लोगों को भी ये बीमारी हुई है। अगर दो-तीन दिनों के भीतर फायदा न हुआ, तो दूसरी व्यवस्था करनी पड़ेगी।'

बहुत सुबह बिस्तर छोड़ा था... उसके बाद से पांच मिनट के लिए भी आराम करने की फुरसत नहीं मिली। सच में, काफी थकान महसूस कर रहा था मैं। इसलिए, पांच-दस मिनट बातें करके ही मैं वहां से चल पड़ा।

सभी ऑफिसर लोग ने बाहर तक आकर ना सिर्फ मुझे विदा किया, बल्कि यहां

पहुंचने के तुरंत बाद उन लोगों से मिलने आने के लिए बार-बार धन्यवाद भी प्रकट किया।

टूरिस्ट लॉज वापस आकर कमरे में जाने से पहले ही मि. सरकार ने पूछा- 'अब क्या आप आराम करेंगे? जरूर आप थक गए होंगे।'

'अच्छी तरह से नहा लेने से सारी थकान दूर हो जाएगी।'

पल भर के लिए कुछ सोच कर मैंने कहा- 'उसके बाद कुछ पीएंगे।'

मि. सरकार ने हंसकर कहा- 'सो तो पीना ही पड़ेगा। आप नहा-धोकर फ्रेश होकर हमारे कमरे में आ जाइएगा।'

'नहीं-नहीं... आप लोग ही मेरे कमरे में आइए।'

'ठीक है... ऐसा ही होगा।'

हां, वे लोग मेरे कमरे में आए। मि. सरकार ने सेंटर टेबल के ऊपर स्कॉच की एक बोतल रखकर हंसकर कहा- 'विथ बेस्ट कॉम्प्लीमेंट्स फ्रॉम अवर जनरल मैनेजर।'

मैंने मुसकराकर कहा- 'बनर्जी साहब की सच में कोई तुलना नहीं है।'

बोतल खोलकर दो ग्लासों में व्हिस्की डालकर मैंने थोड़ा मुसकराकर मिसेज सरकार से कहा- 'आप क्या थोड़ी-सी लेंगी?'

उन्होंने मुसकराकर कहा- 'नहीं... रहने दीजिए।'

मि. सरकार ने कहा- 'अगर लेना है तो ले लो। साल में दो-चार दिन ही तो तुम पीती हो।'

मैंने एक और ग्लास में व्हिस्की डालकर मिसेज सरकार के आगे रखकर कहा- 'डरिए मत। मैं आपकी बुराई नहीं करूंगा।'

हम तीनों ग्लास उठाते ही बैरा आकर काजू और पकौड़े रख गया।

मिसेज सरकार ने बैयरा से कहा- 'ठंडा पानी दे जाओ।'

इधर-उधर की बातें करते-करते हम तीनों व्हिस्की पीते रहे और साथ-साथ काजू और पकौड़े खाते रहे। दूसरा पैग खत्म करके मि. सरकार उठकर खड़े हो गए और मुझसे कहा- 'मैं जरा दो-तीन दोस्तों को फोन करके आ रहा हूं।'

मि. सरकार के जाते ही मिसेज सरकार ने मुझसे पूछा- 'आप शादी क्यों नहीं कर रहे हैं?'

मैंने थोड़ा मुसकराकर जबाव दिया- 'आपके जैसी किसी हसीना का प्यार नहीं मिला, इसीलिए मैं अभी तक कुंवारा हूं।'

'आपसे किसी लड़की ने प्यार नहीं किया, यह बात मुझे विश्वास करनी पड़ेगी?'

मैंने फिर से मुसकराकर कहा- 'सच में, आज तक किसी लड़की ने मुझसे प्यार नहीं किया।'

'आपके जैसे हैंडसम और इतने मशहूर डॉक्टर से प्यार करके कोई भी लड़की अपने आपको धन्य महसूस करेगी।'

'हरेक इंसान की जिंदगी में दो और दो मिलकर चार नहीं होता है... किसी-किसी के जिंदगी में शून्य भी होता है।'

'आपकी बात ठीक है, लेकिन आपकी जिंदगी में तो ऐसा नहीं होना चाहिए। आपको पाकर कोई भी लड़की सुखी होगी।'

मैंने हंसते-हंसते ही कहा- 'मैडम, यह सब बातें छोड़िए... और कुछ बातें कीजिए।'

'लेकिन मैं तो यहां पर आपसे दिल खोलकर बातें करने के लिए ही आयी हूं... आपको नजदीक से देखने के लिए आयी हूं।'

उनकी बातें सुनकर मैं हैरान जरूर हो उठा, फिर भी मैंने मुसकराकर कहा- 'आप तो किरणमयी जैसी बातें कर रही हैं।'

उन्होंने गंभीर होकर कहा- 'अगर मैं यह कहूं कि, मेरे किरणमयी होने के पीछे वजह है और मैं वही बात आपसे कहना चाहती हूं?'

'प्लीज, आप मुझे माफ कीजिए। आपके किरणमयी होने के पीछे क्या वजह है, वह सब बातें सुनने का अधिकार मुझे नहीं है।'

'लेकिन आपसे सब कुछ न कहने तक मुझे चैन नहीं मिलेगा।'

'आप वह सब बातें किसी और से कहिएगा... मुझे नहीं।'

ठीक उसी वक्त मि. सरकार के कमरे के अंदर पांव रखते ही मैंने पूछा- 'दोस्तों से बातें हुई?'

'सभी से बातें नहीं हो पाईं... लेकिन जिन दो-तीन दोस्तों से बातें हुईं, वे लोग पूरे तुरा शहर में यह खबर फैला देंगे।'

उनकी बातें सुनकर मैं हंस पड़ा।

मि. सरकार के हम दोनों के ग्लास में व्हिस्की डालते ही मिसेज सरकार ने भी अपने ग्लास को आगे बढ़ा दिया।

मि. सरकार ने अपनी पत्नी की तरफ देखकर पूछा- 'कितने पैग पी चुकी हो?'

'सिर्फ दो पैग।'

'तुम और मत पीयो।'

'क्यों?'

'ज्यादा पीने से तुम अपने आप को संभाल नहीं पाओगी।'

'अरे, डालो-डालो। आज थोड़ा ज्यादा ही पीऊंगी मैं।'

उन्होंने होठों पर हंसी लाकर कहा- 'अगर मैं अपने ऊपर से नियंत्रण खो बैठती हूं, तो तुम दोनों मुझे बिस्तर पर लेटा देना।'

मैंने तुरंत मुसकराकर कहा- 'लेकिन मैडम, मरीजों को छोड़कर और किसी औरत को छूने का मुझे अधिकार नहीं है।'

'मैं आपको वह अधिकार देती हूं।'

'लेकिन मैं वह अधिकार नहीं ले सकता।'

मि. सरकार ने फिर से अपनी पत्नी से कहा- 'तुम और मत पीयो... अपने कमरे में जाओ।'

मिसेज सरकार ने मि. सरकार के हाथों से व्हिस्की का ग्लास छीन लिया और अपनी ग्लास में दो-ढाई पैग के बराबर व्हिस्की डाल ली।

मि. सरकार ने काफी नाराज होकर कहा- 'क्या कर रही हो तुम?'

मिसेज सरकार ने अपने पति की बातों का कोई जबाव न देकर ग्लास होठों से लगा लिया।

मैं चुप रहा। किसी की तरफ नजर न देकर सिर्फ बीच-बीच में व्हिस्की के घूंट मारता रहा। मि. सरकार ने भी आगे कुछ नहीं कहा।

पंद्रह-बीस मिनट बाद मिसेज सरकार खाली ग्लास टेबल के ऊपर काफी जोर से रखकर उठकर खड़ी हो गईं और मेरी तरफ अपना दाहिना हाथ आगे बढ़ाकर उन्होंने कहा- 'गुड नाइट, डॉक्टर।'

मैंने हाथ न बढ़ाकर सिर्फ मुंह से कहा- 'शुभ रात्रि।'

'लवली।'

मिसेज सरकार के नशे की हालत में मेरे कमरे के बाहर चले जाते ही मि. सरकार ने कहा- 'मैं सच में बहुत शर्मिंदा हूं।'

उन्होंने मेरा हाथ पकड़कर कहा- 'प्लीज आप मुझे माफ कर दीजिए।'

मैंने हंसते हुए कहा- 'आप माफी क्यों मांग रहे हैं? आपसे तो कोई गलती नहीं हुई।'

'लेकिन मेरी पत्नी ने ज़िस तरह से...।'

'भूल जाइए सब कुछ। लेट अस इंज्वॉय, मि. सरकार।'

उन्होंने फीकी हंसी हंसकर कहा- 'इंज्वॉय करने के लिए ही तो आए थे, लेकिन अब मुझे ऐसा लग रहा है कि, पत्नी को साथ लेकर आया, यह मुझसे बहुत बड़ी गलती हो गई। पत्नी को साथ में न लाना ही उचित था।'

'ऐसा क्यों कह रहे हैं आप? आज उन्होंने थोड़ी ज्यादा पी ली थी... लेकिन हर रोज तो इतनी ज्यादा नहीं पीएंगी।'

'वह रोज पीती है।'

उन्होंने गहरी सांस छोड़कर कहा- 'सच बात तो यह है कि, मुझमें शराब पीने की यह आदत मेरी पत्नी ने ही डाली है।'

'सच?'

मि. सरकार ने व्हिस्की गले में डालकर कहा- 'कोलकाता के मशहूर सार्जन डॉक्टर चौधरी को जानते हैं आप?'

'जानता हूं मतलब? मैं तो उनका ही छात्र हूं।'

'इसका मतलब यह हुआ कि, आप मेडिकल कॉलेज में पढ़ते थे?'

'हां।'

'डॉक्टर चौधरी मेरे ससुर जी हैं।'

'क्या कह रहे हैं आप?'

'मैं सच कह रहा हूं, डॉक्टर साहब।'

उन्होंने थोड़ा मुसकराकर कहा- 'आपको यह बात माननी ही पड़ेगी कि, डॉक्टर चौधरी इंसान के तौर पर बहुत ही अच्छे हैं।'

'सिर्फ 'अच्छा' कहने से कुछ भी नहीं कहा जाता है। वह देवता समान हैं।'

'हां... आपने ठीक ही कहा है।'

मि. सरकार ने फिर से व्हिस्की का घूंट मारकर कहा- 'मेरे ससुर जी शायद दिन भर में बीस-पचीस हजार रुपए कमा लेते हैं।'

'हां-हां... इतना तो कमाते ही हैं। बेलव्यू-उडलैंडस नर्सिंग होम में वे हर रोज कम-से-कम पांच-सात ऑपरेशन करते हैं। इसके अलावा उनके पार्क स्ट्रीट के चेम्बर में मरीजों को देखकर वे कम-से-कम दस-बारह हजार रुपए कमा लेते हैं।'

मैंने थोड़ा मुसकराकर कहा- 'लेकिन यह बात भी सही है कि, वे काफी पैसे दान भी करते हैं।'

'हां... आपने ठीक ही कहा।'

इस बार मि. सरकार ने मुसकराकर कहा- 'लेकिन मेरी सासू मां अपने पति से ठीक उल्टी हैं।'

'ऐसा ?'

'हां... वे जितनी दंभी हैं, उतनी ही स्वार्थी भी हैं। इसके अलावा...।'

मैंने ही पूछा- 'इसके अलावा क्या ?'

उन्होंने नीचे की तरफ नजर करके कहा- 'रहने दीजिए, डॉक्टर साहब। वह सब बातें मुझसे मत पूछिए। अपनी सासू मां के बारे में वह सब बातें करना मुझे अच्छा नहीं लगता है।'

इस बार उन्होंने नजरें उठाकर मेरी तरफ देखकर कहा- 'उनकी तीनों लड़कियां अपनी मां को भी पीछे छोड़ देती हैं।'

'आप दोनों की लव मैरेज हुई थी क्या ?'

'नहीं-नहीं। लव मैरेज नहीं हुई थी।'

उन्होंने फीकी हंसी हंसकर कहा- 'शादी से पहले भी हम दोनों में प्यार नहीं था, शादी के बाद भी हम दोनों एक-दूसरे को प्यार नहीं कर पाए।'

'आप लोगों की शादी कैसे हुई थी ?'

'उसको आप एक हादसा ही कह सकते हैं।'

मि. सरकार ने एक गहरी सांस लेकर कहा- 'मेरे पिताजी की उम्र जब काफी हो गई थी, तब उन्हें तरह-तरह की बीमारी होने लगी थी। आखिर में, एक साल के भीतर ही पिताजी के दो-दो ऑपरेशन हुए थे। ऑपरेशन मेरे ससुर जी डॉ. चौधरी ने ही किए थे।'

कुछ पल रुक कर उन्होंने कहा- 'उस समय डॉ. चौधरी के साथ हमारे परिवार की काफी घनिष्टता थी। पिताजी का दूसरी बार ऑपरेशन करते समय मैंने यह महसूस किया था कि, वे मुझे काफी पसंद करते हैं।'

'तब क्या आप यहां पर ही नौकरी करते थे ?'

'धनबाद से माइनिंग पास करने के बाद उस समय इंटरव्यू दिया था, लेकिन नौकरी तब तक नहीं मिली थी।'

'फिर ?'

'पिताजी का दूसरी बार ऑपरेशन हो जाने के बाद मां डॉ. चौधरी को उनकी फीस देने के लिए गई... लेकिन उन्होंने पैसा न लेकर कहा- 'बहन जी। मेरी दोनों बड़ी बेटियों और दामादों ने मुझे जिंदगी में एक दिन के लिए भी चैन नहीं लेने दिया।

छोटी बेटी को लेकर मैं काफी चिंतित हो उठा हूं। मुझे ऐसा लगता है कि, उसकी शादी अगर आपके बेटे से हो जाती है, तो मैं शायद चैन से आंखें मूंद पाऊंगा।'

'आपकी मां ने हामी भर दी?'

'मां पिताजी के साथ सलाह-मशविरा करने के बाद इस शादी के लिए तैयार हो गई।'

मि. सरकार ने थोड़ा मुसकराकर कहा- 'लेकिन मेरी पत्नी इस शादी के लिए तैयार नहीं थी।'

'क्यों?'

'उसका कहना था, मैं स्मार्ट नहीं हूं... दिखने में मैं बुद्धू जैसा लगता हूं।'

'तो फिर आप दोनों की शादी कैसे हुई?'

'मेरे ससुर जी ने उसे स्पष्टतौर पर कह दिया था- 'अगर तुम इस शरीफ-शिक्षित लड़के से शादी करने के लिए तैयार न होती हो, तो अभी इसी वक्त मेरे घर को छोड़कर चली जाओ और एक बात ध्यान रखना, मेरे पसंद के लड़के से शादी न करने पर तुम्हें मेरे रुपए-पैसे और जमीन-जायदाद में से कुछ भी नहीं मिलेगा।'

'इसके बाद वह इस शादी के लिए तैयार हो गई?'

मि. सरकार ने हंसते हुए कहा- 'सिर्फ रुपए-पैसे और जमीन-जायदाद की लालच में आखिर में वह इस शादी के लिए तैयार हो गई।'

मि. सरकार ने अचानक मेरा एक हाथ पकड़कर कहा- 'जानते हैं, डॉक्टर साहब... पांच साल के विवाहित जीवन में एक दिन के लिए भी हम दोनों में शारीरिक संपर्क स्थापित नहीं हुआ है।'

'क्या कह रहे हैं आप?'

'हां, डॉक्टर साहब...वह मुझसे नफरत जो करती है।'

मि. सरकार ने व्हिस्की का आखिरी घूंट मारकर हंसते हुए कहा- 'आपके जैसे हैंडसम, स्मार्ट और जिंदगी में प्रतिष्ठित लोगों के सानिध्य में रहना उसे बहुत ही पसंद है।'

मि. सरकार के चुप होते ही मैंने गहरी सांस छोड़कर कहा- 'कोलकाता के कुछ मशहूर डॉक्टरों की जाती-जिंदगी बहुत ही खराब है। कुछ मशहूर डॉक्टर या तो नशा करते हैं, नहीं तो अपनी छात्राओं या नर्सों के साथ मौज-मस्ती करके अपनी पारिवारिक जिंदगी का अभाव मिटाने की कोशिश में लगे रहते हैं।'

मैंने थोड़ी देर रुककर फिर से कहा- 'डॉक्टर चौधरी के जैसे दो-चार डॉक्टर

ऐसे हैं... जो लोग नशा भी नहीं करते हैं और जिनका चरित्र भी खराब नहीं है।'

मि. सरकार ने पूछा– 'रात को आप क्या खाएंगे?'

'रात को और कुछ नहीं खाऊंगा। पकौड़े और मुर्गा खाकर ही मेरा पेट भर गया है।'

'मैं भी कुछ नहीं खाऊंगा।'

उन्होंने विदा लेने से पहले मेरे दोनों हाथ पकड़कर कहा– 'मैं अपनी जिंदगी की बहुत-सी दुःख भरी बातें आपसे कह गया... प्लीज, किसी को इस बारे में कुछ मत कहना।'

'नहीं- नहीं... मैं किसी से कुछ नहीं कहूंगा।'

'एक और अनुरोध है आपसे।'

'कहिए।'

'मेरी पत्नी के ऊपर गुस्सा करके आप अचानक अपना कार्यक्रम मत बदलना। मैं आपको वचन देता हूं शिलांग में हम कम्पनी के गेस्ट हाउस में नहीं ठहरेंगे। हम अलग से होटल में ठहरेंगे।'

मैंने मुसकराकर कहा– 'नहीं– नहीं। कार्यक्रम नहीं बदलेगा।'

उनके जाते ही मैं बिस्तर पर लेट गया... लेकिन नींद नहीं आई। बहुत कुछ सोचता रहा। सरकार दंपत्ति के बारे में सोचा। अपने बारे में भी सोचा। मन करता है कि, चिल्लाकर कहूं– 'ईशानी आज तुम अगर मेरे पास होतीं, तो इन सब झमेलों में मैं कभी भी अपने आपको नहीं फंसाता। मैं सिर्फ तुम्हारे बारे में सोचकर ही अपने आपको खराब नहीं कर पाता हूं। मुझे अभी भी ऐसा लगता है कि, मैं सिर्फ तुम्हारा हूं और तुम सिर्फ मेरी हो। अच्छा ईशानी, मुझसे क्या कुछ गलती हो रही है?'

यह सब सोचते-सोचते मैं कब सो गया, पता ही नहीं चला। अगली सुबह दरवाजे पर आवाज होने पर मैंने आंखें खोलीं।

दरवाजा खोलते ही मैंने देखा, मि. सरकार और उनके साथ और भी दो सज्जन खड़े हैं।

मि. सरकार के कुछ कहने से पहले ही एक सज्जन ने हंसकर कहा– 'मैं हूं अभिजित दास।'

दूसरे सज्जन ने भी हंसकर अपना परिचय दिया– 'डॉक्टर साहब। मैं हूं महावीर... महावीर अग्रवाल।'

मि. सरकार ने कहा– 'कल रात को मैंने इन लोगों को ही फोन किया था।'

कमरे के अंदर आकर सेन्टर टेबल के ऊपर स्कॉच व्हिस्की की बोतल देखकर महावीर अग्रवाल ने कहा- 'हम लोगों के रहते हुए आप अकेले-अकेले बोतल खोलेंगे, यह उचित नहीं है।'

अभिजित ने कहा- 'आपके जैसे लोगों के तुरा में आने पर हम लोग उन्हें होटल का खाना खाने नहीं देते हैं।'

उन्होंने बिना रुके ही कहा- 'आप फटाफट तैयार हो जाइए और मेरे साथ चलिए। आज नाश्ता मेरे घर करेंगे।'

महावीर ने तुरंत अभिजित की तरफ देखकर कहा- 'अरे संगमा। तू क्या डॉक्टर साहब को नाश्ता कराएगा? डॉक्टर साहब टोस्ट-ऑमलेट नहीं खाएंगे। वे मेरे घर पर गर्मागर्म पूरी-सब्जी-आचार और दूध-रबड़ी से नाश्ता करेंगे।'

वे दोनों लगभग तूफान की गति से अपनी-अपनी बातें कह गए।

पहली मुलाकात में ही उन दोनों का अपनापन देखकर मैं मुग्ध हो उठा।

मि. सरकार ने थोड़ा-सा हंसकर पूछा- 'तो डॉक्टर साहब, आप मेरे कौन-से दोस्त के घर नाश्ता करने जा रहे हैं?'

'महावीर भईया के घर।'

मैं एक ही सांस में कह गया- 'और डिनर करेंगे संगमा के घर।'

उन दोनों ने ही एक साथ कहा- 'मंजूर है।'

बैरा आकर चाय देकर गया।

चाय पीते-पीते ही मैंने महावीर भईया से पूछा- 'आप अभिजित को *'संगमा'* कहकर क्यों बुलाते हैं? संगमा तो गारो लोगों को...।'

मुझे अपनी बात खत्म करने का मौका न देकर महावीर ने थोड़ा-सा हंसकर कहा- 'डॉक्टर भईया। इस अभिजित का जन्म यहां पर ही हुआ था और मेरा जन्म यहां नहीं हुआ था... लेकिन हम सभी यहां रहते-रहते एक तरह से गारो ही बन गए हैं। हम सभी ने यहां के लोगों के साथ अपने आपको मिला लिया है।'

'बहुत अच्छा।'

'डॉक्टर भईया, यहां के लोगों के साथ अपने आपको न मिलाने पर हमारे लिए यहां व्यवसाय करना बहुत ही मुश्किल बन जाता है। स्थानीय जनता को अपने से दूर रखकर किसी भी जगह आप रह नहीं पाएंगे।'

'ठीक ही कहा है आपने।'

मि. सरकार ने कहा- 'गारो लोग भी इन सभी से कितना प्यार करते हैं, न देखने

पर आपको विश्वास नहीं होगा।'

अभिजित ने थोड़ा हंसकर कहा- 'गारो पहाड़ से चुनाव जीतकर जो बाद में मेघालय सरकार के मंत्री बने हैं, उनकी पत्नी बच्चों की पढ़ाई के मामले में अपने पति से कोई सलाह-मशविरा नहीं करती हैं। सलाह-मशविरा जो कुछ भी करना होता है, महावीर के साथ करती हैं।'

सुनकर मैं मुग्ध हो उठता हूं।

महावीर ने कहा- 'सुबह आप अगर किसी दिन संगमा की दुकान पर जाते हैं, तो आप देखेंगे, दुकान पर सिर्फ गारो ग्राहकों की ही भीड़ लगी हुई है। उन लोगों को पता है कि, संगमा की दुकान पर उन्हें सभी सामान उचित दर पर मिलेगा।'

जो भी हो, महावीर और उनकी पत्नी कविता ने नाश्ता पर ही लगभग शादी का भोज खिला दिया। वहां से वापस हमारे ऑफिसर्स क्वार्टर पर आकर मैंने देखा, संगमा सभी के साथ बैठकर गप्पबाजी कर रहे हैं।

मुझे आते देखकर संगमा ने हंसते हुए कहा- 'अरे दादा... आपने तो कमाल ही कर दिया।'

'मैंने कौन-सा कमाल कर दिया?'

संगमा के कुछ कहने से पहले ही मि. बल ने कहा- 'आज सुबह से मैं काफी स्वस्थ महसूस कर रहा हूं। बुखार, सर दर्द, बदन दर्द नहीं के बराबर है।'

'उस आदमी का बनाया हुआ मीट दुबारा खाया है क्या?'

मैंने हंसते हुए पूछा।

दो-तीन ऑफिसर्स एक साथ कहा- 'आप पागल हो गए हैं क्या? कल सुबह ही हमारा पुराना रसोईया वापस आ जाएगा।'

संगमा ने हंसते हुए कहा- 'सुनो बल... डॉक्टर भईया को हम तुरा से जाने ही नहीं देंगे।'

इसी तरह गप्पबाजी चल रही थी... अचानक बुक शेल्फ के ऊपर रखा हुई एक तस्वीर पर मेरी आंखें अटक गई। गारो महिलाओं की पोशाक पहने हुए एक बहुत ही हसीन युवती अपनी गोद में एक प्यारा-सा बच्चा लेकर खड़ी है। तस्वीर देखकर मैं मुग्ध हो उठा। पूछा- 'यह तस्वीर किसकी है?'

और किसी के जबाव देने से पहले ही संगमा ने हंसकर कहा- 'यह अरुण बल जनाब सुबह-सुबह अपनी बीवी-बच्चे के दर्शन न करके बिस्तर नहीं छोड़ते हैं, बाथरूम नहीं जाते हैं, खाना नहीं खाते हैं, दफ्तर नहीं जाते हैं, सो भी नहीं सकते हैं...

इसीलिए...।'

मैंने थोड़ा हंसकर कहा- 'काश भारतवर्ष की सभी लड़कियां इनकी तरह भाग्यवती होतीं।'

मेरी बात सुनकर वहां मौजूद सभी लोग हंस उठे, लेकिन मैं नहीं हंस पाया। कैसे हंसू? मैं भी तो ईशानी के तस्वीर को प्यार न करके सुबह बिस्तर नहीं छोड़ पाता हूं, रात को बिस्तर पर जाने से पहले मैं भी ईशानी की तस्वीर को प्यार करता हूं।

शाम के बाद संगमा के घर जाकर देखा, जैसे श्रीकृष्ण... ठीक वैसी ही श्री राधिका। महावीर की पत्नी कविता के जैसे संगमा की पत्नी रिंकू ने भी अतिथियों के आदर-सत्कार में कोई कमी नहीं छोड़ी।

व्हिस्की की बोतल खत्म? तुरंत एक और बोतल लाकर दी। बर्फ चाहिए? अभी ला रही हूं।

साथ-ही-साथ रिंकू सतर्क वाणी भी देती है- 'दादा! प्लीज, सिर्फ व्हिस्की मत पीजिए। कम-से-कम दो-एक पीस चीज़ पकौड़ा मुंह में डालिए।'

पूरा कमरा लोगों से भरा पड़ा था। शायद बीस-बाइस लोग होंगे। मैं सोच रहा था, सभी शायद शराब पी रहे हैं। लेकिन नहीं... दो-एक लोग वैष्णव भी थे।

अचानक रिंकू ने मेरे बगल में खड़ी होकर प्रोफेसर दास से पूछा- 'बड़े भईया। आपको एक ग्लास और मैंगो शेक दूं?'

इन्हीं प्रोफेसर तपन दास के घर अगले दिन दोपहर को मैं और सरकार दम्पति लंच पर गए। बातों-बातों में मैंने प्रोफेसर दास से पूछा- 'आप यहां पर कितने दिनों से हैं?'

'पैंतीस साल।'

मैंने हैरान होकर पूछा- 'पैंतीस साल?'

उन्होंने थोड़ा मुसकराकर कहा- 'हां... पैंतीस साल।'

'महावीर और संगमा कह रहे थे कि, आपने नौकरी से अवकाश ले लिया है?'

'हां... उन्होंने सच ही बताया है।'

'तो अभी भी आप यहां पर क्यों हैं?'

प्रोफेसर दास ने तुरंत जवाब दिया- 'मैं जिंदगी के आखिरी दिन तक यहां रहना चाहता हूं।'

'यहां? इसी तुरा में?'

'हां... इसी तुरा में।'

थोड़ी देर चुप रहने के बाद मैंने पूछा- 'आपने पढ़ाई कहां पर की है ? कोलकाता में ?'

'बचपन में मैमनसिंह के स्कूल में पढ़ा था। उसके बाद एम.ए. तक कोलकाता में।'

'कोलकाता छोड़कर आप यहां पर क्यों आए ? और कहीं आपको नौकरी नहीं मिली ?'

'एक ही दिन में दो-दो नियुक्ति पत्र मिले थे। एक, तुरा सरकारी कॉलेज का और दूसरा कोलकाता के सिटी कॉलेज का।'

'सिटी कॉलेज की नौकरी ना लेकर आप यहां क्यों आए ?'

इस बार उन्होंने थोड़ा मुसकराकर कहा- 'तो फिर आपको मेरी जिंदगी की खास घटना के बारे में सुनना पड़ेगा।'

मिसेज सरकार ने पूछा- 'खास घटना... मतलब ?'

'एक गारो औरत की कहानी।'

मिसेज सरकार ने थोड़ा मुसकराकर पूछा- 'आप क्या उसे चाहने लगे थे ?'

प्रोफेसर दास ने एक गहरी सांस छोड़कर कहा- 'मुझे लगता है, पिछले जन्म में वह शायद मेरी मां थीं। इस जन्म में भी मैं उन्हें ठीक अपनी मां की तरह श्रद्धा से ही देखता हूं।'

उनकी बातें सुनकर मेरे मन में काफी जिज्ञासा पैदा हुई। मैंने कहा- 'पूरी कहानी सुनाइए।'

'हां... सुनाता हूं।'

'मैमनसिंह बाजार की सबसे बड़ी और लोकप्रिय किराने की दुकान का मालिक था दास परिवार। उस परिवार का सबसे छोटा लड़का तपन स्कूल के छुट्टी के बाद खेलने जाते समय दुकान पर जाता था टॉफी के लिए।'

'दूसरे दिनों की तरह उस दिन भी तपन के दुकान के नजदीक आते ही भिखारी जैसी एक गारो औरत ने उसे मुसकराकर अपने पास बुलाया। तपन ठिठक कर रुक गया। उस औरत ने फिर से हंसकर उसे अपने पास बुलाया। तपन के आहिस्ते-आहिस्ते आगे बढ़ते ही उस औरत ने गारो भाषा में कुछ कहकर उसके हाथ में एक बिस्कुट दे दिया। गंदे कपड़े पहने हुए उस औरत के हाथ के बिस्कुट खाने में तपन को दुविधा महसूस हुई... लेकिन उस औरत की हंसी देखकर तपन ने बिस्कुट खा लिया।'

'तपन को बिस्कुट खाते देखकर उस औरत कि खुशी की कोई सीमा नहीं रही।'

'अगले दिन दुकान के रास्ते में उस औरत के साथ तपन की फिर से मुलाकात हो गई। औरत ने फिर हंसकर तपन के हाथ में एक बिस्कुट दे दिया। तपन ने बिस्कुट खा लिया... औरत भी खुश हो गई।'

'इसी तरह दिन, महीने गुजर गए। उस औरत के दिए हुए बिस्कुट खाते देखकर तपन के पिताजी-चाचाजी ने तपन को डांटा... लेकिन तपन बिस्कुट नहीं फेंक पाता। वह छुप-छुपकर बिस्कुट खाता... खाए बगैर उससे रहा नहीं जाता है। तपन अपने दिल के गहराई में यह बात महसूस की कि, वह औरत उससे प्यार करती है।'

'शैशव पार करके तपन ने जवानी में पैर रखा। वह गारो औरत मुग्ध नजरों से उसे बड़ा होते हुए देखती है। उसे गारो भाषा में न जाने क्या कुछ कहती है। उसकी बातें तपन की समझ में नहीं आतीं... लेकिन वह अपने प्रति उस औरत का स्नेह महसूस करता है।'

'इसके बाद अचानक एक दिन यह देश दो टुकड़ों में बंट गया। मैमनसिंह शहर के हिन्दू लोग अपने पूर्वजों के घर-बार छोड़कर हिन्दुस्तान चले गए। दास परिवार को आशा थी, शायद वहां पर व्यवसाय करके वे लोग टिक पाएंगे। लेकिन नहीं... ऐसा नहीं हुआ। एक दिन उन लोगों ने अपने घर-बार, जमीन-जायदाद, व्यवसाय... सब कुछ बेचकर पूर्वी पाकिस्तान छोड़ने का फैसला लिया। परिवार के इस फैसला लेते ही तपन ने काफी मेहनत करके, इशारे से उस गारो औरत से कहा कि, वे लोग दक्षिण की तरफ जा रहे हैं। उस गारो औरत ने गारो भाषा में न जाने उसे कितना कुछ कहा और उसे पूर्व दिशा में गारो पहाड़ की तरफ जाने के लिए कहा।'

'तपन बेबस था। वह अपने परिवार के लोगों के साथ दक्षिण की तरफ कोलकाता शहर चला गया।'

'उसके बाद पता नहीं गंगा नदी में कितना पानी बह गया। तुरा कॉलेज का लेक्चरर का नियुक्ति पत्र पाकर ही तपन के आंखों के सामने उस गारो औरत का चेहरा नाच उठा। तपन के मैमनसिंह छोड़कर चले जाने के समय उस औरत के दिल में काफी दुःख पहुंचा। सिर्फ इतना ही नहीं तपन अपने अंदर विधाता पुरुष का निर्देश सुन पाता है।'

□□□

प्रोफेसर दास ने एक गहरी सांस छोड़कर कहा- 'बस... मैं तुरा चला आया।'

'फिर?'

उन्होंने मुसकराकर कहा- 'यहां आने के कुछ ही महीने के अंदर वह घटना

घटी।'

उन्होंने थोड़ी देर रुककर कहा- 'आप लोगों ने शायद भूगोल की किताब में पढ़ा होगा कि, गारो पहाड़ के कुछ हिस्से अब मैमनसिंह जिले में हैं। मैंने भी देखा था, मैमनसिंह शहर में काफी गारो लोग रहते हैं। यहां आने के बाद अखबार में पढ़ा, पाकिस्तानी सरकार ने मैमनसिंह से गारो लोगों को खदेरने के लिए जुल्म करना शुरू कर दिया है।'

हममें से किसी ने भी एक शब्द नहीं कहा... चुपचाप उनकी बातें सुनता रहता हूं।

'अचानक एक दिन सुनने में आया कि, पाकिस्तानी पुलिस की गोली से बहुत सारे गारो लोग गंभीर रूप से घायल हालत में तुरा अस्पताल में दाखिल हुए हैं। यह खबर सुनने के बाद ही मैं भागकर अस्पताल पहुंच गया। चारों तरफ नजरें फिराकर उस औरत को ढूंढ़ने की कोशिश करता रहा।'

'लेकिन इतने सालों के बाद आप उस औरत को पहचानेंगे कैसे?'

'उस औरत की एक आंख काफी बड़ी थी। ऐसा लगता था कि, अभी निकलकर बाहर आ जाएगी।'

'उसे ढूंढ़ पाए आप?'

'जब निराश होकर मैं अस्पताल से बाहर आने लगा, ठीक उस वक्त आपातकालीन वार्ड में मैंने उसे देखा।'

'हे भगवान!'

'मैंने देखा, उसके हाथ और सीने में पट्टी बधी हुए है... वह बेहोश पड़ी हुई है। मैं तब यहां पर नया-नया आया था। डॉक्टरों से ज्यादा परिचय भी नहीं था। सो मैं अपने प्रिंसिपल साहब के पास पहुंच गया।'

'उनके पास क्यूं?'

'मैंने सोचा कि, अगर वे डॉक्टरों से कह दें, तो शायद डॉक्टर लोग उनकी देखभाल अच्छी तरह से करेंगे।'

'ओह... समझा!'

'सिर्फ प्रिंसिपल साहब ही नहीं, उनके साथ दो गारो अध्यापक भी, तो मेरे दोस्त थे, अस्पताल में आये और उस औरत का अच्छी तरह से इलाज करने के लिए डॉक्टरों से अनुरोध किया।'

प्रोफेसर दास ने फिर से थोड़ी देर के लिए रुककर... एक गहरी सांस छोड़ी।

'डॉक्टर लोग ने तरह-तरह की दवाइयां-इंजेक्शन दिए... लेकिन उस औरत को

होश नहीं आया। चौबीस घंटे लगातार पांच दिनों तक मैं उसके बिस्तर के बगल में बैठा रहा। हर पल भगवान से यही प्रार्थना करता रहा, दो--चार मिनट के लिए ही सही उनको होश में ला दो। होश में आकर वह मेरी तरफ देखकर थोड़ी-सी हंसे... यही मैं चाह रहा था।'

'उनको होश वापस आया था?'

अध्यापक दास से तुरंत कोई जबाव नहीं दिया गया। सूनी नजरों से वे बाहर की तरफ देखते रहे। उसके बाद उन्होंने आहिस्ते से कहा- 'हां... वापस आया था। पांचवें दिन ठीक सूर्यास्त के समय अचानक उन्होंने आंखें खोलकर देखा। दो-चार मिनट मेरी तरफ एकटक देखती रही... उसके बाद अपना बायां हाथ ऊपर करते ही मैंने दोनों हाथों से उनके हाथ को थाम लिया। एक बार के लिए ऐसा लगा कि, वह जैसे थोड़ी-सी मुस्कराई। अगले ही पल उनका हाथ नीचे की तरफ गिर पड़ा।'

प्रोफेसर दास ने एक ही सांस में कहा- 'मैंने चीखकर डॉक्टर को बुलाया। दो-तीन डॉक्टर-नर्स भागकर आए। दो-चार मिनट परीक्षण करने के बाद एक डॉक्टर ने मेरी तरफ देखकर सिर्फ इतना ही कहा- 'मुझे खेद है, प्रोफेसर।'

अचानक मिसेज सरकार ने पूछा- 'उसके बाद?'

'दो-चार गारो अध्यापक और कुछ छात्रों को साथ लेकर मैंने उन्हें कब्र के नीचे सुला दिया।'

प्रोफेसर दास ने चुपचाप आंसू बहाते हुए कहा- 'बड़ा दिन, ऑल सोलस डे और उनकी पुण्यतिथि पर मैं अभी भी उनकी कब्र पर फूल चढ़ाकर आता हूं।'

उनकी कहानी सुनकर हममें से किसी के भी मुंह से एक भी शब्द नहीं निकला। हम सभी ने सिर्फ मन-ही-मन उस गारो महिला की आत्मा के प्रति श्रद्धा अर्पित की। प्रोफेसर दास के प्रति श्रद्धा से, प्यार से हम सभी के सिर झुक गए। सच में मातृत्व का कोई देश नहीं होता, कोई जाति नहीं होती, कोई धर्म नहीं होता। मातृत्व सभी काल में, सभी देश में एक ही जैसा होता है।

❑❑❑

तुरा में कोई बहुमंजिला मकान नहीं है। कनॉट प्लेस-प्लोरा फाउटें-चौरंगी भी नहीं है और भी बहुत कुछ यहां पर नहीं है। यहां पर बर्फ से ढकी हुई पर्वतों की चोटियां भी नहीं हैं... समुद्र भी नहीं है। ताजमहल नहीं है, मीनाक्षी का मंदिर भी नहीं है। यहां के रहने वाले दिल्ली के लोगों की तरह दम्भी नहीं हैं, मुंबई वालों की तरह स्वार्थी नहीं हैं, कोलकाता के लोगों की तरह उदासीन भी नहीं हैं।

यहां के लोगों के प्यार से मेरा मन भर उठा। महावीर, अभिजीत, प्रोफेसर दास, प्रोफेसर अनिरुद्ध बर्मन, कविता, रिंकू व और भी बहुत सारे दोस्तों को मैंने यह वचन दिया कि, मैं यहां जरूर लौट कर आऊंगा। इतने लोगों के इस तरह के प्यार को अनदेखा करने की हिम्मत मुझमें नहीं है।

❑❑❑

सच बात तो यह है कि, शिलांग जाने का मन ही नहीं कर रहा था। एम.बी.बी.एस. फाइनल पेपर खत्म होते ही मैं मौभंडार गया। अचानक दो दिन के बाद ईशानी भी वहां आ गई। हम सभी उसे देखकर हैरान हो उठे। उसने भाभी के लड़के को गोद में लेकर हंसते हुए कहा– 'राजा बेटा को मैंने कितने दिनों से देखा नहीं... इसलिए चली आई।'

शाम से पहले सूरज के पश्चिम की तरफ झुक जाते ही मैं और ईशानी घूमने निकले। डायरेक्टर्स बंगले के ठीक आगे पहुंचकर वह ठिठक कर रुक गई और मुझसे पूछा– 'शादी के बाद हनीमून मनाने हम कहां चलेंगे?'

मैंने मुसकराकर जवाब दिया– 'अगर हम पेपर में पास हो जाते हैं, तो फिर हम दोनों एम.डी. करेंगे। एम.डी. बनने से पहले तो हम शादी नहीं कर रहे हैं।'

'तो मैं क्या उससे पहले शादी करने को कह रही हूं?'

'नहीं... तुमने ऐसा तो नहीं कहा।'

'फिर?'

ईशानी ने थोड़ी देर रुककर कहा– 'तुम यह बताओ, शादी के बाद हनीमून मनाने तुम कहां जाना चाहते हो?'

'जहां जाने पर तुम्हें खुशी मिलेगी, हम वहीं चलेंगे।'

'हम दोनों शिलांग चलेंगे।'

उसने मुसकराकर कहा– 'हम दोनों पूरे दिन शिलांग झील के किनारे पर घूमेंगे और ठहरेंगे पाईन वुड होटल में।'

'नैनीताल में भी एक सुंदर-सी झील है। वहां क्यों नहीं जाओगी?'

'नैनीताल झील के चारों तरफ दुकान-बाजार और होटल हैं। वहां पर हमेशा लोगों की भीड़ लगी रहती है। हनीमून में जाकर लोगों की भीड़ मुझे बिलकुल ही बर्दाश्त नहीं होगी।'

ईशानी ने थोड़ा मुसकराकर कहा– 'शिलांग झील के किनारे पर बैठकर मैं तुमसे प्यार भी कर पाऊंगी... दिल खोलकर तुमसे बातें भी कर पाऊंगी। शिलांग इज़ सो रोमांटिक... सो ब्यूटीफुल... सो पीसफुल।'

❑❑❑

यह सब बातें, यह सब यादें मैं भूल नहीं पाया और इसीलिए ही अकेले-अकेले शिलांग जाने के बारे में मैंने कभी नहीं सोचा था... लेकिन जी.एम. साहब के आग्रह पर मुझे शिलांग जाने के लिए मजबूर होना ही पड़ा। मन-ही-मन मैंने तय कर लिया कि, शिलांग झील के आस-पास भी नहीं जाऊंगा। किसी भी हालत में नहीं जाऊंगा।

हमारा दफ्तर एक पतली-सी गली के अंदर जरूर है... लेकिन मकान बहुत ही अच्छा है। दूसरी मंजिल पर एक कमरे में दफ्तर और बाकी दोनों कमरे गेस्टरूम हैं। गेस्टरूम कोई पांच तारा होटल की तरह नहीं हैं, फिर भी चार तारा होटल की तरह जरूर हैं। इस मकान के ठीक सामने है रामकृष्ण मिशन।

मि. सरकार अपने बीवी के साथ ठहरे पुलिस बाजार के नुक्कड़ पर अवस्थित एक होटल में।

सोचा था कि, वे लोग शाम होते-होते मेरे होटल में आ जाएंगे... लेकिन शाम साढ़े सात तक जब वे लोग नहीं आए, तो मैं ही उन लोगों के होटल चला गया।

मुझे आते देखकर मिसेज सरकार ने हैरान होकर कहा- 'अरे... आप?'

'क्यों... यहां आकर मैंने कोई गलती कर दी क्या?'

'गलती तो नहीं की, लेकिन आप मुझे खास पसंद नहीं करते हैं, यह बात मुझे पता है।'

'आपकी यह धारणा सही नहीं है। मैं आपको पसंद करता हूं, एक दोस्त की बीवी के रूप में मैं आपसे प्यार भी करता हूं।'

मैंने उनका एक हाथ पकड़कर थोड़ा-सा खींचकर कहा- 'जल्दी से तैयार हो जाएं... हम लोग निकलेंगे।'

'कहां?'

'मेरे साथ जाने में आपको कोई एतराज तो नहीं हैं न?'

'नहीं... एतराज नहीं है, लेकिन...।'

मैंने थोड़ा मुसकराकर कहा- 'कोई लेकिन नहीं। चलिए... आज आपके साथ दिल खोलकर गप्पें मारुंगा।'

मैंने थोड़ा घूमकर मि. सरकार से कहा- 'मैं नीचे आप लोगों का इंतजार कर रहा हूं। आप लोग जल्दी से तैयार होकर नीचे आ जाइए।'

मैं अशोक से पहले ही कह रखा था कि, हम लोग पाईन वुड जाएंगे। सो, उन लोगों के गाड़ी में बैठते ही अशोक ने गाड़ी स्टार्ट कर दी।

मिसेज सरकार ने दबी हुई हंसी हंसकर मेरी तरफ देखकर कहा- 'आपको क्या

हुआ है, जरा बताएंगे ? आप अचानक इतने बदल कैसे गए ?'

'आज आप लोगों से गप्पें मारने का मन कर रहा है।'

'भूतों की जुबान पर राम का नाम ?'

'हर इंसान की जिंदगी में कभी न कभी बदलव आते हैं, मैडम।'

'यह आपने ठीक ही कहा है।'

'आप कल बदल नहीं जाएंगी, यह बात क्या आप अभी से जोर देकर कह सकती हैं ?'

'हां... मैं भी किसी दिन बदल सकती हूं।'

'मैडम! परिस्थितियों के अनुसार इंसान अपने आपको ढाल सकते हैं और इसी कारण ही इंसान आज करोड़ों सालों से इसी धरती पर टिके हुए हैं। परिस्थितियों के अनुसार बदल न पाने की वजह से ही डायनासोर के जैसे विशाल जानवर भी इस धरती से लुप्त हो गए हैं।'

मिसेज सरकार ने मुसकराकर कहा- 'वाह! इतना कठिन विषय भी आपने कितनी सरलता से बता दिया।'

पाईन वुड होटल के आगे हमारी गाड़ी आकर रुकी। पर्स से कुछ रुपए निकालकर मैंने अशोक के हाथों में देकर कहा- 'जाओ... तुम कुछ खाकर आओ।'

हमारा नसीब अच्छा ही था... 'बार' लगभग खाली ही मिला। हम तीनों ने एक कोने वाली टेबल पर बैठकर तीन व्हिस्की का ऑर्डर दे दिया। व्हिस्की आते ही डिनर का ऑर्डर भी दे दिया। इधर-उधर की बातें करते हुए पहला पैग खत्म हो गया... शुरू हुआ दूसरा राउंड।

मैंने मिसेज सरकार से कहा- 'मैडम! क्या आप यह जानती हैं कि, मैं आपके पिताजी का छात्र रह चुका हूं ?'

'नहीं... यह बात तो मुझे पता नहीं थी।'

मैंने थोड़ा मुसकराकर कहा- 'मैं आपके पिताजी का सबसे प्रिय छात्र था। उनके विषय में मैं सबसे ज्यादा नम्बर हासिल किये थे।'

'हे भगवान! इसका मतलब यह है कि, आप बहुत ही अच्छे छात्र थे।'

'हां और इसीलिए ही आपके पिताजी मुझे इतने ज्यादा पसंद करते थे।'

मैंने थोड़ी देर चुप रहकर कहा- 'छात्र-छात्रायें अपने शिक्षक की संतान के बराबर होते हैं... यह बात तो आप जानती ही होंगी।'

'हां... जानती हूं।'

'तो फिर इस रिश्ते से मैं आपका भाई होता हूं... बड़ा भाई।'

मिसेज सरकार ने व्हिस्की का घूंट भरकर कहा- 'आप मेरे दोस्त भी तो हो सकते हैं।'

'जरूर हो सकता हूं... सौ बार हो सकता हूं।'

मैंने भी व्हिस्की का घूंट भरकर मिसेज सरकार के हाथों के ऊपर अपना एक हाथ रखकर थोड़ा मुसकराकर कहा- 'मैं सच में आपकी दोस्ती चाहता हूं। मुझसे दोस्ती करने में आपकी तरफ से कोई एतराज तो नहीं होगा न?'

उन्होंने सिर हिलाकर कहा- 'नहीं।'

'बहुत अच्छा।'

मि. सरकार चुपचाप हमारी बातें सुनते रहे और बीच-बीच में मेरी तरफ देखकर हंसते रहे।

मैंने मिसेज सरकार से कहा- 'आप जब मेरी दोस्त बन गई हैं, तो मैं आपको 'मैडम' कहकर नहीं बुलाऊंगा।'

'आप मुझे चित्रिता कहकर भी बुला सकते हैं।'

'अगर आप मुझे सैकत भईया कहकर बुलाती हैं, तो मैं भी आपको चित्रिता कहकर बुला सकता हूं।'

उन्होंने दबी हुई हंसी हंसकर कुछ पल मेरे तरफ एकटक देखते रहने के बाद कहा- 'ठीक है! मैं आपको सैकत भईया कहकर ही बुलाऊंगी।'

मैंने मुसकराकर कहा- 'और कुछ दूर आगे बढ़ना पड़ेगा।'

'और क्या करना होगा?'

'इस तरह 'आप-आप' करने से दोस्ती कैसे होगी?'

मिसेज सरकार ने मेरे गाल पर आहिस्ते से एक झापड़ मारकर हंसते हुए कहा- 'सैकत भईया। तुम्हारा कोई जवाब नहीं है।'

'चित्रिता। तुम भी लाजबाब हो।'

हम तीनों ही हंस उठे।

हंसी थमने पर मैंने कहा- 'चित्रिता! तुम्हें बुरा तो नहीं लग रहा है न?'

उन्होंने मेरा एक हाथ आपने दोनों हाथों से पकड़कर कहा- 'विश्वास करो, सैकत भईया... मुझे बहुत हीं अच्छा लग रहा है। मुझे अपनी जिंदगी में तुम्हारे जैसा दोस्त कभी नहीं मिला।'

'तुम भी विश्वास करो, चित्रिता... मुझे भी तुम्हारी जैसी दोस्त आज तक नहीं

मिली।'

वेटर के हमारे पास आकर खड़ा होते ही मैंने कहा- 'चित्रिता! तुम क्या और एक पैग लेना पसंद करोगी?'

उसने हंसकर कहा- 'तुम्हारी बातें सुनने में इतनी अच्छा लग रही हैं कि, आज अगर मैं दस पैग भी गटक जाऊं, तो भी कोई सीन क्रियेट नहीं करूंगी।'

मैंने फिर से तीन पैग व्हिस्की लाने को कह दिया।

दो-तीन मिनट के भीतर ही व्हिस्की आ गई। हम तीनों ने अपने-अपने ग्लास उठाकर होठों से लगा लिए।

थोड़ी देर बाद मैंने अपने दोनों हाथों से उन दोनों के एक-एक हाथ पकड़कर कहा- 'एक बात कहूं?'

मि. सरकार ने कहा- 'हां-हां... कहिए।'

चित्रिता ने कहा- 'तुम मुझे जो मर्जी कह सकते हो, मैं बिलकुल भी बुरा नहीं मानूंगी।'

'ठीक?'

'हां।'

मैंने थोड़ी देर रुककर चित्रिता की तरफ देखकर कहा- 'आज करीब दो साल से मैं तुम दोनों को देख रहा हूं। यह दो सालों में मुझे ऐसा महसूस हुआ कि, तुम दोनों के बीच अजीब-सी दूरियां हैं। मैं उन दूरियों की वजह नहीं जानता हूं... जानना चाहता भी नहीं हूं।'

मैंने थोड़ी-सी व्हिस्की गले में डालकर कहा- 'चित्रिता!' तुम जैसी हसीन, रुचिवान और शिक्षित लड़की को बीवी के तौर पर पाना किसी भी पुरुष के लिए गर्व की बात होगी।'

वे दोनों ही एकटक नजरों से मेरी तरफ देखकर मेरी बातें सुनते रहे।

मैंने सांस लेकर कहा- 'साथ-ही-साथ मैं यह भी कहूंगा कि, मि. सरकार भी दिखने में सुंदर हैं। वे भी उच्च शिक्षित और जिंदगी में सफल इंसान हैं। मि. सरकार को पति के रूप में पाकर तुम्हारे अंदर कोई भी दुःख नहीं रहना चाहिए।'

चित्रिता ने इस बार मुझसे पूछा- 'तुम क्या चाहते हो?'

'मैं जो कहूंगा, तुम करोगी?'

'मैंने जब तुम्हें अपना दोस्त मान लिया है, तब तुम्हारी बातें मैं कैसे अनदेखी कर सकती हूं?'

चित्रिता के हाथ के ऊपर अपना एक हाथ रखकर मैंने कहा- 'देखो चित्रिता। सुख-दुःख... सब कुछ मन की बातें हैं। जिंदगी से तुम्हें जो कुछ भी मिला है, तुम क्या उसी से खुश नहीं रह सकतीं?'

मैंने बिना रुके ही कहा- 'जो इंसान अपने ही घर में अपनों को लेकर खुश नहीं हो पाता... उसे कहीं खुशी नहीं मिलती।'

इस बार मैंने उन दोनों के हाथ एक करके कहा- 'तुम दोनों सभी दुःख, सभी दुबिधा सब कुछ इसी पल में भूल जाओ। एक नई जिंदगी शुरू करो।'

मैंने थोड़ा हंसकर क़हा- 'इसी शिलांग में न जाने कितने दंपति हनीमून मना कर गए हैं। मेरे जैसे लाखों लड़के-लड़कियां सपने देखते हैं कि, इसी शिलांग से ही वे एक खुशी भरी जिंदगी की शुरुआत करेंगे।'

चित्रिता ने दबी हुई हंसी हंसकर पूछा- 'तुम भी क्या शादी के बाद हनीमून यहां पर ही मनाओगे?'

'अगर किसी दिन मैं शादी करता हूं, तो हनीमून मनाने के लिए यहां जरूर आऊंगा।'

खाना-पीना खत्म होने के बाद होटल से बाहर आने पर मैंने उन दोनों को अपने हाथों से जकड़ कर कहा- 'शिलांग की आज की दिन की यादें तुम दोनों के जिंदगी की सब से ज्यादा खुशी की यादें बनकर रह जाएं... मैं यही चाहता हूं। अगर तुम दोनों को खुशी न मिले, तो मैं भी खुश नहीं रह पाऊंगा।'

मि. सरकार ने दोनों हाथों से मुझे अपने सीने से लगा लिया... लेकिन मुंह से कुछ भी नहीं कह पाये।

और चित्रिता?

उसने दोनों हाथों से मेरा चेहरा थामकर मेरे दोनों गाल पर चुम्मा देकर कहा- 'सैकत!' मैं भगवान से प्रार्थना करती हूं कि, अगले जन्म में भी तुम मुझे दोस्त के तौर पर मिल जाओ।'

मैंने उसके सिर पर चुम्मा देकर कहा- 'सिर्फ अगले जन्म में ही क्यों... जन्म-जन्म तक हम दोनों दोस्त बनकर रहेंगे।'

उस रात को बार-बार मैं यही सोचता रहा, मेरा और ईशानी का सपना क्या सपना बनकर ही रह गया?

॥ सात ॥

मौभंडार जाने पर दिन मजे से ही बीत जाता है। पूरे दोपहर मैं और मां के अगल-बगल लेटकर गप्पबाजी करते हैं। अगर राजा बेटा जगा रहता है, तो हमें गप्प मारने का मौका नहीं मिलता है। वह आकर हम दोनों के बीच लेट जाता है और मां का गला पकड़कर कहता है– 'दादी मां! तुम्हारी दादी मां तुम्हें कहानी सुनाती थीं?'

मां ने थोड़ा हंसकर उसे अपने सीने से लगाकर कहा– 'मेरी दादी मां न सिर्फ मुझे कहानी सुनाती थी, वह मुझे कीर्तन गाकर भी सुनाती थी।'

'कीर्तन क्या होता है, दादी मां?'

'देवी-देवताओं का गाना।'

'तो फिर तुम मुझे क्यों सिर्फ कहानी और कविता सुनाती हो? कीर्तन क्यों नहीं सुनाती हो?'

मां ने हंसते हुए कहा– 'देख... मैं तो बूढ़ी हो चुकी हूं... सो मुझसे कीर्तन गाया नहीं जाता।'

उन्होंने थोड़ी देर रुककर कहा– 'जब तुम्हारे पिताजी-चाचाजी छोटे थे, तब मैं उन लोगों को कीर्तन गाकर सुनाती थी।'

राजा बेटे ने थोड़ी देर के लिए कुछ सोचकर कहा– 'बूढ़ों-बुढ़ियों के हाथों में तो छड़ी रहती है... लेकिन तुम्हारे हाथ में तो छड़ी नहीं है।' तो फिर तुम बूढ़ी कैसे हो गईं?'

उसका तर्क बिल्कुल सही था। मैं और मां हंस पड़े।

राजा बेटे ने अपने एक हाथ से अपनी दादी मां के चेहरे को थामकर कहा– 'दादी मां! तुम कीर्तन गाओ... मैं सुनूंगा।'

'ठीक है... रात को सुनाऊंगी।'

'रात को तो तुम भूतों की कहानी सुनाती हो।'

'भूतों की कहानी खत्म कर के मैं कीर्तन सुनाऊंगी।'

राजा बेटा को अच्छी तरह से पता है कि, मैं एक डॉक्टर हूं। इसलिए उसने मेरे

पेट के ऊपर बैठकर पूछा- 'चाचाजी! तुम्हें पेट काटना आता है?'

'मैं पेट काटने वाला डॉक्टर नहीं हूं। मैं सिर्फ दवाई देता हूं।'

'पिताजी ने कहा, डॉक्टर लोग पेट भी काटते हैं, दवाइयां भी देते हैं। इसके अलावा भी वे लोग और भी बहुत कुछ करते हैं।'

'बड़े-बड़े डॉक्टर पेट भी काटते हैं, दवाइयां भी देते हैं। लेकिन मैं तो इतना बड़ा डॉक्टर हूं नहीं।'

'तुम तो बहुत बड़े हो... और कितने बड़े होगे?'

उसकी बातें सुनकर बहुत मजा आता है। इसके ऊपर है भईया-भाभी का प्यार।

घर से बाहर निकलने पर बहुत सारे परिचित और हिताकांक्षी लोगों से मुलाकात हुई। कभी-कभी वर्मा अंकल या अखिल भईया का स्कूटर लेकर मैं मौभंडार और मोसाबनी जाकर पांच-सात लोगों से मिलकर आता हूं। स्वर्णरेखा नदी के ऊपर बने नई पुल के पास आकर अचानक बेबी दीदी को देखते ही मैंने स्कूटर रोक दिया।

बेबी दीदी ने चौंककर पीछे मुड़कर मुझे देखते ही मुसकराकर कहा- 'अरे, सैकत... तू? तू कब आया?'

'परसों।'

'कुछ दिन रहेगा न?'

'हां... हफ्ते भर हूं।'

थोड़ी देर रुककर मैंने पूछा- 'तुम कैसी हो?'

'अच्छी हूं।'

'सुना है, तुम नौकरी कर रही हो?'

बेबी दीदी ने मुझसे छुपाकर एक गहरी सांस छोड़कर कहा- 'चौबीसे घंटे क्या कोई इंसान अकेले-अकेले रह सकता है?'

उसने थोड़ी देर रुककर कहा- 'दफ्तर जाने पर फिर भी दिन का समय किसी तरह बीत जाता है।'

'कभी छुट्टी लेकर मेरे यहां आओ, तुम्हें अच्छा ही लगेगा।'

उसने अपने मन में हंसकर कहा- 'तुझे विश्वास है कि, मुझे वहां अच्छा लगेगा?'

'मैं सच कह रहा हूं, हमारा मार्घेरिटा तुम्हें जरूर पसंद आएगा।'

'पूरे दिन प्रकृति का सौंदर्य देखूंगी?'

'तुम्हारे वहां आने पर मैं भी छुट्‌टी लेकर तुम्हारे साथ गप्पें मारुंगा।'

'तू क्या पूरी जिंदगी मेरे साथ गप्पें मारेगा?'

बस... मुझसे और कुछ कहा नहीं गया।

मुझे चुप रहते हुए देखकर बेबी दीदी ने कहा- 'कभी शाम के बाद हमारे घर आना।'

'हाँ... आऊंगा।'

बेबी दीदी चली गई... लेकिन मैं कुछ मिनट तक स्कूटर स्टार्ट नहीं कर पाया... चुपचाप बैठा रहा।

मौभंडार-मोसाबनी में आने पर मैं जैसे अपने बचपन के दिनों में वापस चला जाता हूं। कुमार साहब, बनर्जी चाचा, शुक्ला अंकल से शुरू करके के वर्मा अंकल, घोष चाचा, अखिल भईया, कुंडू चाचा और और भी कई लोग मुझसे बहुत प्यार करते हैं। वे लोग मुझे बहुत कुछ खिलाते भी हैं... लेकिन दास चाचा, चाची और बेबी दीदी को देखकर ही पल भर में मेरा मन भारी हो उठता है।

इंसान की जिंदगी में पूर्णता लाती हैं उनकी संतान... लेकिन वह बच्चा अगर स्वस्थ और स्वभाविक न हो? अगर वह बच्चा विकलांग हो? या वह ऐसे कोई रोग का शिकार हो उठे... जिसका कोई इलाज न हो? दास चाचा और चाची कितने अच्छे हैं। दास चाचा ने पता नहीं, कितने लड़के-लड़कियों को अच्छी तरह से माध्यमिक-उच्च माध्यमिक परीक्षा पास करके जिंदगी में प्रतिष्ठित होने में सहायता की है। दास चाची के जैसी शिल्पी बहुत ही कम दिखने को मिलती हैं। सभी के साथ उन दोनों के अच्छे रिश्तें हैं। फिर, वे दोनों अपनी संतान को लेकर क्यों नहीं खुश हो पाए? उन दोनों का कसूर क्या है?

मैं इसका जवाब नहीं जानता हूं। मुझे यह भी पता नहीं है कि, दास चाचा-चाची को दु:ख पहुंचाकर, बेबी दीदी के पति को हमेशा के लिए छीनकर, मुझसे ईशानी को दूर रखकर भगवान अपनी कौन-सी महिमा का प्रचार कर रहे हैं?

फिर भी मैं मौभंडार-मोसाबनी आता हूं... यहां आने से मैं अपने आपको रोक नहीं पाता हूं। हर साल मैं यहां आता हूं। फिर एक समय मार्घेरिटा वापस भी चला जाता हूं। लेकिन आने-जाने के बीच में कुछ दिन मुझे कोलकाता में भी रहना पड़ता है और वहीं मुश्किल हो जाती है। इसी शहर के रास्ते में ही फैली हुई हैं मेरी और ईशानी की जिंदगी की कभी न भूलने वाली बहुत सारी यादें।

❑❑❑

फिर से वही मार्घेरिटा। फिर से वही रमणीमोहन का होटल। वही अस्पताल, वही सब पुरानी सहकर्मीयां, वही मरीजों का इलाज करना। मैं पहले देहिंग नदी देखकर ही घंटों बिता देता था, अब महीनों बीत जाते हैं उस नदी को देखे हुए।

असली बात यह है कि, हर चीज एक-न-एक दिन जरूर पुरानी हो जाती है।

जो चीज देखकर इंसान मुग्ध हो उठते हैं, चंचल हो उठते हैं... दिन-पर-दिन वही चीज देखना किसी को अच्छा नहीं लगता है। प्रेमी युगल ताजमहल देखकर मुग्ध हो उठते हैं, कवि लोग ताजमहल के ऊपर कविता लिखते हैं... लेकिन अगर किसी को साल-दर-साल ताजमहल, फतेहपुर सीकरी या लाल किले के दीवान-ए-खास पर रहने के लिए कहा जाए? तो फिर वही प्रेमी युगल और कवि लोग हमारे पैर पकड़कर अपनी टूटे-फूटे मकानों में वापस जाना पसंद करेंगे। मेरे साथ भी ऐसा ही कुछ हुआ है।

मार्घेरिटा का शांत वातावरण और चारों तरफ की हरियाली को देखकर मैं एक दिन मुग्ध हो उठा था... मेरा अशांत मन शांत हो उठा था... लेकिन अभी बीच-बीच में ही यहां से भागने को मेरा मन करता है।

फिर भी मैं यहां पर हूं। जी.एम. साहब की दिल जीत लेने वाली हंसी, सहकर्मीयों की आंतरिकता, रोगियों के प्यार को अनदेखा करके मैं और कहीं जा नहीं पाता हूं। बोरियत से बचने के लिए इस बीच मैं टिपंग और लीभो कोलियारी के दो अस्पतालों में कुछ दिनों के लिए काम करके आया।

लेकिन, कुछ दिन पहले ही मार्घेरिटा में मुझे दो नए दोस्त मिले हैं। वे दोनों ही रोज मेरे पास आते हैं। अगर किसी दिन तूफान या बारिश के कारण वे दोनों नहीं आ पाते हैं, तो मुझे ही जाना पड़ता है। न जाकर मैं रह नहीं पाता हूं। मुझसे कुछ देर बातें न करके वे दोनों सो नहीं पाते हैं। मेरे ये दो नए दोस्तों में से एक है डॉक्टर हजारिका की बेटी पापड़ि और दूसरा है चित्रिता का बेटा सम्राट। पापड़ि की उम्र सात साल है और सम्राट अभी तीन साल का नहीं हुआ है।

इस जगत्-संसार में बहुत सम्पदा फ़ैली हुई है, लेकिन बच्चों के जैसी सम्पदा और कुछ भी नहीं है। खिलौना मिल जाने पर जैसे बच्चे रोना बंद कर देते हैं... ठीक वैसे ही इस उम्र में मैं वे दो खिलौनों को पाकर अपने अकेलेपन की जलन को भूल जाता हूं।

फिर भी कभी-कभी लगता है, मेरे और ईशानी का भी तो ठीक ऐसा ही दो-एक खिलौने हो सकते थे। वही दो-एक खिलौने हम दोनों की जिंदगी को खुशी से भर सकते थे।

यह सब बातें दिमाग में आते ही मुझे कुछ भी अच्छा नहीं लगता है। लगता है, इसी पल भाग जाऊं फिर से किसी अंजान जगह पर।

इसी तरह देखते-देखते पांच साल गुजर गए।

उस दिन अस्पताल जाते ही पता लगा, साढ़े पांच बजे जी.एम. साहब ने एक जरूरी मीटिंग बुलायी है। सिर्फ आपातकालीन ड्यूटी पर तैनात डॉक्टरों को छोड़कर

बाकी सभी डॉक्टरों को उस मीटिंग में शामिल होना पड़ेगा। ड्यूटी खत्म होने के बाद सी.एम.ओ. साहब अपने चेम्बर में नहीं मिले। मेट्रन ने कहा, वे कुछ देर पहले ही कुछ फाइल लेकर अपने बंगले पर वापस चले गए हैं। बाकी डॉक्टरों से भी पता नहीं चला कि, अचानक जी.एम. साहब ने जरूरी मीटिंग क्यों बुलाई?

मीटिंग शुरू होने से दो-चार मिनट पहले पहुंच कर मैंने देखा, जी.एम. बनर्जी साहब के कमरे में पहले से ही डी.जी.एम., सी.एम.ओ, डॉक्टर दास और बाकी डॉक्टरों को छोड़कर लीभो और टिपंग कोलियारी के दोनों मैनेजर भी बैठे हुए हैं और भी दो-एक ऑफिसर के आते ही मीटिंग शुरू हो गई।

जी.एम. साहब ने एक सिगरेट सुलगा कर दो-एक कश लगाकर ही सिगरेट फेंक दी और कहा- 'मुझे आप लोगों को यह सूचना देते हुए अपार खुशी हो रही है कि, हमारे चेयरमैन साहब यहां आ रहे हैं।'

कोल इंडिया के चेयरमैन। हजार-हजार, करोड़ों रुपए की कंपनी का सबसे ऊपर का आदमी। लाखों-लाखों लोगों का भाग्य विधाता। इसीलिए, उनका हमारे यहां आना बहुत ही महत्वपूर्ण मसला है। यह हमारे लिए सम्मान और सौभाग्य की बात है... यह भी बतायें जी.एम. साहब।

इस बार फिर से एक सिगरेट सुलगा कर एक कश मारकर उन्होंने कहा- 'चेयरमैन साहब हमारे अस्पताल के नए भवन का उद्घाटन करेंगे।'

सी.एम.ओ. साहब ने हंसकर कहा- 'हम भी ठीक ऐसा ही कुछ चाह रहे थे।'

जी.एम. साहब ने एक कागज हाथ में लेकर उस पर एक नजर डालकर कहा- 'चेयरमैन साहब एक दिन पहले छः तारीख दोपहर को गुवाहाटी पहुंचकर मुख्यमंत्री मिस्टर महंत के साथ घंटे भर कुछ जरूरी मामले पर चर्चा करेंगे। उसके बाद दो घंटे हमारे उत्तरी-पूर्वी कोलफील्ड के दफ्तर में बिताएंगे। रात को चेयरमैन साहब के सम्मान में डिनर देगा असम चेम्बर ऑफ कॉमर्स।'

उन्होंने थोड़ी देर रुककर सिगरेट का एक कश लगाकर फिर से कहा- 'अगले दिन यानी सात तारीख को चेयरमैन साहब हेलिकॉप्टर से ठीक सुबह नौ बजे यहां पहुंचेंगे। नौ बजकर पंद्रह मिनट से दोपहर एक बजे तक वे हमारे अस्पताल में रहेंगे। लंच के बाद वे लीभो और टिपंग की मेडिकल फेसिलिटी देखने जाएंगे।'

डॉक्टर दास ने मुसकराकर कहा- 'इसका मतलब यह हुआ कि, चेयरमैन साहब यहां हमारी परीक्षा लेने के लिए ही आ रहे हैं।'

'सुनने को यह मिला है कि, कोयला खानों का आधुनिकीकरण करने के लिए विश्व बैंक जो लोन दे रहा है उसका ज्यादातर हिस्सा कोयला खानों की श्रमिकों की

मेडिकल फेसिलिटी को बेहतर करने के लिए खर्च किया जाएगा।'

जी.एम. साहब ने बिना रुके ही कहा- 'मुझे ऐसा लगता है, चेयरमैन साहब शायद इसीलिए ही हमारे यहां आ रहे हैं।'

एक डी.जी.एम. ने पूछा- 'चेयरमैन के साथ और भी कोई आ रहे हैं क्या?'

'दो-एक डायरेक्टर तो जरूर आएंगे... लेकिन अभी मुझे पक्की खबर नहीं मिली।'

उन्होंने थोड़ी देर रुककर कहा- 'सात तारीख को शाम के बाद चेयरमैन साहब के सम्मान में पार्टी होगी। सो, हमें अभी... इसी पल से तैयारी करनी शुरू कर देनी चाहिए।'

❑❑❑

बीच में सिर्फ दस दिन का समय है। चेयरमैन साहब के सफर को लेकर तैयारियां अगले दिन सुबह से ही शुरू हो गयीं। एक डी.जी.एम. और ड्यूटी फाइनेंस मैनेजर ने घंटों तक अस्पताल में अपना समय बिताना शुरू कर दिया। ठीक तीन दिनों में पूरे अस्पताल का रंग-रोगन हो जाने के बाद विभिन्न वार्ड, डॉक्टर्स चेम्बर्स, नर्सों के कमरे, ऑपरेशन थियेटर, लेबर रूम और बाकी सब कुछ भी दो दिनों के भीतर तैयार हो गया। इस बीच पुरानी बिल्डिंग की मरम्मत और रंग-रोगन भी हो गया। जी.एम. साहब खुद सुबह-शाम सब कामों की देखभाल करने के लिए आते रहे।

जो चीज एक बार शुरू होती है, वह चीज एक निश्चित समय पर खत्म भी होती है। हमारे प्रतीक्षा का दिन खत्म हुआ।

सच बात तो यह है कि, मैंने मेडिकल ओ.पी.डी. में बैठकर मरीजों का इलाज करते समय भी मन-ही-मन बहुत कुछ सोच रहा था। सोच रहा था कि, चेयरमैन साहब जरूर बहुत ही लम्बे-चौड़े इंसान होंगे। उनके चेहरे पर हंसी बिलकुल ही नहीं रहेगी। उनके सवालों का जवाब ठीक से न देने पर डांट सुननी पड़ेगी और भी बहुत कुछ सोच रहा था और एक अंजान डर से मैं घबरा रहा था।

ठीक उसी पल चेयरमैन साहब आ गए। हे भगवान! यह हैं चेयरमैन साहब? पहली बार देखने पर वे ठीक किसी विश्वविद्यालय के अध्यापक लगते हैं। चेहरे पर हंसी की झलक लगी हुई है। उन्होंने जो भी दो-चार बातें की... उससे लगा कि, भारत सरकार के एक बहुत ही बड़ा प्रतिष्ठान के पहले नम्बर का व्यक्ति होने के बावजूद भी वे बहुत ही सज्जन हैं। मैं मन-ही-मन उनसे श्रद्धा कर बैठा।

विदा लेने से पहले उन्होंने मुझसे हाथ मिलाकर कहा- 'आप कोलकाता से एम.डी. पास करने के बावजूद यहां पर आए हैं... आप सचमुच प्रशंसा के पात्र हैं।'

मैं अंदर से इतना घबरा चुका था कि, चेयरमैन साहब के चारों तरफ जो लोग खड़े थे, मैं उनकी तरफ भी नजर उठाकर देख नहीं पाया।

'शायद मैंने ही आपका इंटरव्यू लिया था।'

सुनकर मै चौंक उठा। नजरें उठाकर देखा, जिस डायरेक्टर ने मेरा इंटरव्यू लिए था, वह चेयरमैन साहब के बगल में खड़े होकर मेरी तरफ देखकर मुस्करा रहे हैं।

किसी भी तरह अपने आपको संभाल कर मैंने कहा- 'यस सर।'

'मुझे यह देखकर खुशी हो रही है कि, आप अभी भी यहां पर हैं।'

उन्होंने मुझसे हाथ मिलाकर कहा- 'ऑल द बेस्ट।'

पूरे सम्मान के साथ परीक्षा पास हो जाने पर मैंने मन-ही-मन भगवान के प्रति आभार प्रकट किया।

शाम की पार्टी में चेयरमैन साहब ने खुद अस्पताल और डॉक्टरों की तारीफ की। जी.एम. साहब दो-एक दिन बाद अस्पताल में आते हैं सुनकर उन्होंने उनकी भी तारीफ की।

उसी पार्टी में डायरेक्टर साहब को थोड़ा-सा एकांत में पाकर मैंने उनसे कहा- 'सर, मेरी एक अर्जी है।'

'हां-हां... कहिए।'

'सर, यहां पर रहते हुए मुझे पांच साल हो गए। मैं यहां पर और रहना नहीं चाहता हूं। कृपा करके मुझे और कहीं भेज दीजिए।'

'आप क्या पश्चिम बंगाल में तबादला चाहते हैं?'

'नहीं सर। बहुत दूर कहीं मुझे भेज दीजिए।'

उन्होंने एक-दो मिनट चुप रहने के बाद पूछा- 'आप क्या पश्चिमी कोलफील्ड के किसी अस्पताल में जाना पसंद करेंगे?'

'सर, नागपुर में?'

'नहीं-नहीं... नागपुर में हमारा कोई अस्पताल नहीं है।'

उन्होंने पल भर के लिए कुछ सोचा, फिर कहा- 'मुझे जितना याद आ रहा है, शायद कानहान या बारकुइ अस्पताल में कुछ पद खाली हैं।'

'सर, वह सब अस्पताल क्या महाराष्ट्र में हैं?'

'नहीं, मध्य प्रदेश के छिंदवाड़ा में हैं।'

'सर, मैं ऐसी ही किसी जगह पर जाना चाहता हूं।'

'ठीक है, मुझे आपकी बातें याद रहेंगी।'

उन्होंने मुसकराकर कहा-'आपने जब कोलकाता छोड़कर मार्घेरिटा में पांच साल

बिता दिए हैं, तब तो आपके लिए मुझे कुछ-न-कुछ करना ही पड़ेगा।'

रात को बिस्तर पर लेटे-लेटे मैं सोच रहा था, तबादले के लिए अर्जी तो पेश कर दी, लेकिन धूमकेतू की तरह इधर-से-उधर घूमने से क्या मेरे मन को शांति मिलेगी?

नहीं... नामुमकिन।

मुझे अभी भी विश्वास नहीं होता है कि, ईशानी मुझे नहीं चाहती है... ईशानी ने मुझे अपने दिल से मिटा दिया है। हम दोनों की जिंदगी की सात-आठ सालों की कभी न भूलने वाली यादें अपने दिल से मिटा देना उसके लिए असंभव है, लेकिन...।

सोचते-सोचते मैं जैसे ठोकर खाता हूं।

मेडिकल कॉलेज के सभी लोगों को यह बात पता थी कि, मानव भईया किस तरह का लड़का है। सभी को पता था कि, सर्जीकल नर्स बकुल के साथ मानव भईया मौज-मस्ती करता था। सिर्फ बकुल ही क्यों, प्रीति को साथ लेकर भी मानव भईया बहुत जगह घूमने जाता था। इसके अलावा कभी थर्ड इयर की नमिता को लेकर, तो कभी फाइनल इयर की सुदेष्णा या मौमिता को लेकर मानव भईया इतने मस्त हो उठे थे कि, सभी को ऐसा लगने लगा था, उन दोनों की बहुत जल्दी ही शादी हो जाएगी। एम.डी. परीक्षा खत्म होते-होते इसी मानव भईया के घर में ईशानी का आना-जाना शुरू हो गया था।

आखिर में, ईशानी भी मानव भईया के चक्कर में फंस जाएगी, यह बात मैंने सपने में भी कभी नहीं सोची थी। मुझे समझ में नहीं आया था कि, ईशानी ऐसी कैसे हो गई?

सबसे हैरान करने वाली बात यह है कि, मेरे कई बार मना करने के बावजूद ईशानी ने मानव भईया के घर जाना बंद नहीं किया। मैं जब भी उससे पूछता था कि, वह मानव भईया के घर क्यों जाती है, तो उसने हर बार यही जवाब दिया- 'बाद में बताऊंगी।'

बाद में बताऊंगी कहने से ही क्या मैं चुप बैठ सकता हूं?

एक दिन मैंने उसे साफ शब्दों में कह दिया- 'देखो ईशानी, कल से तुम मानव भईया के घर नहीं जाओगी।'

'तुमने क्या सोच रखा है, मैं कोई दूध पीती बच्ची हूं? मैं क्या तुम्हारी खेलने की गुड़िया हूं? या तुम्हारी दासी हूं? तुम जो भी हुकुम चलाओगे, मुझे मानना पड़ेगा?'

अपनी बातें खत्म करके ईशानी चली गई। उसके चले जाने के बाद ही कुछ मिनट तक मैं वहां पत्थर के बुत की तरह खड़ा रहा... फिर मैं मेस वापस आ गया।

उस दिन हम दोनों कैसे लड़ पड़े, मुझे पता नहीं। मैं भी ऊंचे स्वर में चिल्लाया, जवाब में ईशानी ने भी ऊंचे स्वर में बातें कीं।

आज मैं सोचता हूं, उस दिन क्या हम दोनों के ही सिर पर भूत सवार हुआ था?

बहुत दिन बाद मुझे कभी-कभी ऐसा लगता था कि, कहीं कुछ गड़बड़ जरूर हुई थी, जरूर हम दोनों को गलतफहमी हुई थी। शायद ईशानी पर अविश्वास करना मेरे लिए उचित नहीं था... इतना उतावला होना भी नहीं चाहिए था मुझे।

लेकिन ईशानी सब कुछ खोलकर मुझे क्यों नहीं बताई? '*बाद में बताऊंगी... बाद में बताऊंगी*'... ऐसा न कहकर वह सब कुछ उसी वक्त मुझे क्यों नहीं बताई?

उस दिन के बारे में सोचकर मैं जैसे पागल हो उठता हूं। कभी-कभी मन करता है, चिल्लाकर कहूं- 'टुसिया प्लीज, एक बार के लिए तुम मेरे पास आ जाओ... सिर्फ एक बार तुम्हें जी भर कर देख लूं। तुम विश्वास करो, तुम्हें खोने की जलन मुझसे सहन नहीं हो रही है। जब भी, जिधर भी, जहां भी देखता हूं... सिर्फ तुम्हारा ही चेहरा मेरी आंखों के सामने नाच उठता है।'

'विश्वास करो, टुसिया... मैंने अपनी जिंदगी में बहुत लड़कियां देखी हैं... लेकिन तुम्हारी जैसी बुद्धिमती, हसीन लड़की आज तक एक भी नहीं देखी। इस धरती पर शायद कोई भी लड़की तुम्हारे जैसा प्यार करना नहीं जानती है... प्यार नहीं कर सकती है। असमान में जैसे एक ही सूरज, एक ही चांद होता है... इसी धरती पर भी वैसे ही सिर्फ एक ही टुसिया है।'

फिर कभी-कभी सोचता हूं- 'ऐसी क्या वजह हो सकती है कि, ईशानी मुझे अनदेखा करके मानव भईया के इतने करीब हो गई? तो क्या उसने मेरे साथ प्यार का अभिनय किया था?'

'नहीं-नहीं... ऐसा कभी नहीं हो सकता।'

लेकिन...।

सोचकर भी मैं सिहर उठता हूं, लेकिन फिर भी ऐसा लगता है कि, अब क्या मेरी प्यारी ईशानी मानव भईया के साथ घर बसाकर जिंदगी बिता रही है?

'छी: छी: ऐसा कैसे हो सकता है? नहीं- नहीं... यह नामुमकिन है।'

चुपचाप अकेले में ऐसा बहुत कुछ मेरे दिमाग में आता है।

फिर भी सूरज उगता है, एक समय अस्त भी हो जाता है। फिर से अंधेरा विदा लेता है, सूरज की रोशनी चारों तरफ से अंधेरे को मिटा देती है। इसी तरह ही दिन बीतता है।

चेयरमैन साहब के चले जाने के लगभग तीन हफ्ते बाद एक दिन शाम को अचानक जी.एम. साहब मेरे क्वार्टर पर आए। मेरे हैरान होकर उनकी तरफ देखते ही उन्होंने कहा- 'दफ्तर से निकलने के ठीक पहले अचानक हेड-ऑफिस से फैक्स

मैसेज आया कि, तुम्हें अगले महीने की एक तारीख को बारकुई अस्पताल में ज्वाईन करना पड़ेगा।'

उन्होंने बिना रुके ही कहा- 'फोन पर डॉक्टर दास को यह खबर बताने के बाद मैं सीधे तुम्हारे पास आ रहा हूं।'

मैंने कुछ भी नहीं कहा।

जी.एम. साहब ने गहरी सांस छोड़ते हुए कहा- 'तुम एक अच्छे डॉक्टर हो। ऊपर से तुम्हारे अच्छे बर्ताव के कारण सभी लोग तुमसे प्यार करते हैं। नंदिता तो तुम्हें अपने छोटे भाई की तरह प्यार करती है।'

'हां, सर... भाभी जी मुझसे बहुत ही स्नेह करती हैं।'

'डॉक्टर दास ने कहा तुम्हारा तबादले की खबर सुनकर अस्पताल में हरेक का दिल भारी हो उठेगा।'

जी.एम. साहब ने गाड़ी में बैठने से पहले कहा- 'तबादले के ऑर्डर की कॉपी तुम्हें कल मिल जाएगी।'

अगले दिन सुबह अस्पताल के गेट के सामने डॉक्टर अरविन्द बरूया और उनकी पत्नी डॉक्टर नमिता बरूया मिल गए। पति देव की स्कूटर की पिलियन सीट से नीचे उतरते हुए नमिता ने कहा- 'सैकत भईया, तुम यहां से जा रहे हो?'

अरविन्द ने कहा- 'इस अस्पताल में सिर्फ तुम्हीं मेरे हमउम्र थे। सिर्फ तुम्हारे साथ ही हम दोनों दिल खोलकर गप्पें मार सकते थे। तुम्हारे जाने के बाद सब कुछ खत्म हो जाएगा।'

मैंने उसका एक हाथ पकड़कर कहा- 'नमिता अकेले ही सब कुछ संभाल लेगी। मेरे चले जाने से कुछ भी खत्म नहीं होगा।'

नमिता ने कहा- 'सैकत भईया, तुम प्लीज कोलकाता चले जाओ। जैसे भी हो, तबादले का ऑर्डर रद्द करा लो।'

उसनें पल भर के लिए रुककर कहा- 'मैं तुम्हें हरगिज जाने नहीं दूंगी।'

सिर्फ अरविन्द और नमिता ने ही नहीं, अस्पताल के लगभग सभी आदमियों ने एक ही बात कही। मेट्रन मिसेज सइकिया ने कहा- 'आप अगर चले जाएंगे, तो मुझे 'बड़ी बहन' कहकर कौन बुलाएगा?'

सी.एम.ओ. डॉक्टर दास ने कहा- 'आपके तबादले के बारे में जानने के बाद से किसी भी काम में मेरा मन नहीं लग रहा है।'

अस्पताल से क्वार्टर में वापस आने के तुरंत बाद चित्रिता भागकर आई। उसने काफी उत्तेजित स्वर में कहा- 'तुम सचमुच चले जाओगे?'

'हां... जाना तो पड़ेगा ही।'

चित्रिता ने आंसू बहाते हुए कहा- 'तुम हमें छोड़कर चले जाओगे? तुम्हें जाने कौन दे रहा है?'

ठीक तभी डॉक्टर हजारिका की पत्नी माधुरी भाभी आईं।

'बड़े भईया, आप चले जा रहे हैं?'

'हां, भाभी जी।'

'नहीं-नहीं, बड़े भईया, आप मत जाइए।'

माधुरी भाभी ने बिना रुके ही कहा- 'हमारे खातिर न भी हो, कम-से-कम पापड़ि और सम्राट के खातिर आप रह जाइए। वे दोनों आपसे बहुत प्यार करते हैं।'

चित्रिता ने कहा- 'माधुरी दीदी, आप लोगों को शायद पता नहीं है... अगर इस सज्जन की मदद न मिलती, तो शायद हम दोनों पति-पत्नी अब तक खुदखुशी कर लेते। आज इनकी खातिर ही हम दोनों खुशी-खुशी जिंदगी बिता रहे हैं।'

माधुरी भाभी ने हैरान होकर पूछा- 'सच?'

'सच नहीं तो और क्या? मैं क्या इन्हें ऐसे ही यहां से जाने के लिए मना कर रही हूं?'

उन दोनों के चले जाने के बाद रमणीमोहन ने कहा- 'सर, आप सचमुच चले जाएंगे?'

'हां, रमणीमोहन, मेरा तबादला हो गया है।'

उसने नजरें नीचे की तरफ करके कहा- 'जब मेरी उम्र कम थी, तब मैं अकेला ही जी.एम. साहब का बंगला और पार्टी संभाल सकता था। लेकिन अब मुझसे इतना काम नहीं हो पाता। घर चलाने के लिए रुपए भी चाहिए, दूसरी तरह ज्यादा मेहनत भी नहीं कर पाता हूं।'

थोड़ी देर रुककर रमणीमोहन ने फिर से कहा- 'आपके यहां मैं अच्छा ही था। काम-काज आपके यहां नहीं के बराबर था। हर महीने काफी पैसा भी कमा रहा था। आपके चले जाने के बाद मेरा क्या होगा, वही सोच रहा हूं।'

यह बात सही है कि, जुदाई कष्ट पहुंचाती है... लेकिन जुदाई को मानना ही पड़ता है। यहां के दोस्तों, हिताकांक्षियों के साथ आने वाली जुदाई को मान लेने के बाद मेरी खातिरदारी करना शुरू कर दिया। ज्यादा समय भी नहीं है... इसीलिए, दोपहर और रात- दो टाइम की दावत पर जाना शुरू कर दिया। इस बीच मैंने सामान भी पैक करना शुरू कर दिया।

अचानक रमणीमोहन ने मेरे बगल में खड़े होकर कहा- 'सर, बाकी सब सामान

क्या ट्रक से जाएगा?'

'इन तीनों सूटकेश को छोड़कर मैं अपने साथ और कुछ भी लेकर नहीं जाऊंगा।'

'फर्नीचर और रसोई के सामान क्या आप बेच देंगे?'

मैंने थोड़ा मुसकराकर कहा– 'नहीं, रमणीमोहन। मैं कुछ भी नहीं बेचूंगा। सब कुछ तुम ले जाना।'

'मैं?'

'हां... तुम।'

मेरी बातें सुनकर वह पत्थर के बुत की तरह खड़ा रहता है।

मैंने अलमारी से चेक बुक निकालकर उसके नाम पांच हजार रुपए का चेक लिखकर उसके हाथों में देकर कहा– 'इसी रुपए से तुम अपने घर को सजाना। मैं हर महीने तुम्हें कुछ–कुछ रुपए भेजता रहूंगा। इस उम्र में तुम्हें नौकरी करने की कोई जरूरत नहीं।'

'लेकिन सर... यह तो पांच हजार रुपए का चेक है।'

'हां... तो क्या हुआ?'

'नहीं–नहीं, सर, आप मुझे इतने पैसे मत दीजिए।'

मैंने थोड़ा मुसकराकर कहा– 'रमणीमोहन। कोल इंडिया से मुझे जो तनख्वाह मिलती है, उसमें से आधी रकम बच जाती है। मेरे तो बीवी–बच्चे कोई भी नहीं हैं।'

थोड़ी देर रुककर मैंने कहा– 'बैंक में मेरे खाते में बहुत सारे पैसे इकट्ठे हो गए हैं। उसमें से अगर तुम्हें मैं पांच हजार रुपए देता हूं, तो भी मुझे कोई नुकसान नहीं होगा।'

मार्घेरिटा छोड़कर चले जाने के ठीक एक दिन पहले रात को जी.एम. साहब ने मुझे अपने बंगले पर डिनर के लिए बुलाया।

जी.एम. साहब के बंगले पर पहुंचकर मैंने देखा, पहले से ही बहुत सारे लोग वहां पर इकट्ठे हो चुके हैं। मैंने हैरान होकर कहा– 'सर, मुझ जैसे एक आम डॉक्टर के लिए आपने यह सब क्या किया है?'

जी.एम. साहब ने सिगरेट का एक कश लगा कर कहा– 'आज की इस पार्टी में मेरी कोई भूमिका नहीं है। यह सब कुछ हो रहा है नंदिता की बोफर्स एकाउंट से।'

'बोफर्स एकाउंट?' मैंने हैरान होकर पूछा।

जी.एम. साहब ने हंसते हुए कहा– 'तुम्हें बोफर्स एकाउंट नहीं पता? शादी कर लो... सब कुछ समझ जाओगे।'

उन्होंने पल भर के लिए रुककर कहा– 'हमारे देश की हरेक शादीशुदा औरत का बोफर्स एकाउंट होता है। मेरा सत्यानाश करके तुम्हारी भाभी जी ने अपने बोफर्स

एकाउंट में कितने रुपए-पैसे इकट्ठे किए हैं, उसका अंदाजा तुम्हें इस पार्टी के रौनक को देखकर ही हो जाएगा।'

अचानक भाभी जी ने हमारे पास आकर कहा- 'तुम्हारे पैसे चुराती हूं... ठीक ही करती हूं। हम लोग, जो औरतें नौकरी नहीं करतीं हैं... उन लोगों के पास अपने पति देव के पैसे चुराने के सिवा और चारा भी नहीं है।'

उस दिन पार्टी में बहुत मजा आया।

खाना खत्म होते ही जी.एम.साहब ने चिल्लाकर कहा- 'सायलेंस प्लीज।'

उनकी आवाज से हर तरफ सन्नाटा छा गया।

नंदिता भाभी ने मेरे हाथों में एक सुन्दर-सा पैकेट देकर कहा- 'इस कपड़े से बना हुआ सूट पहनने से आपको हमारी याद आएगी।'

'भाभी जी, आप लोगों को भूलना मेरे लिए वैसे भी संभव नहीं होगा।'

उन्होंने एक और पैकेट मेरे हाथों में देकर कहा- 'आपने तो यहां रहते हुए शादी नहीं की। बारकुई जाने के बाद शादी जरूर कर लेना और अपनी बीवी को हमारी तरफ से यह साड़ी प्रेजेंट करना।'

भाभी जी की बात खत्म होते-होते पार्टी में मौजूद सभी लोगों ने ताली बजा दी।

तालियां थमने पर मैंने कहा- 'भाभी जी, साड़ी आप फिलहाल अपने पास ही रख लीजिए। अगर किसी दिन मैं शादी करता हूं, तो बीवी को साथ लेकर यहां पर जरूर आऊंगा। तब, आप अपने हाथों से उसे यह साड़ी दे देना।'

'नहीं, आप उसे यह साड़ी पहना कर ही यहां लाना। जब वह आएगी, तब मैं उसे एक और साड़ी प्रेजेंट करूंगी।'

मैं क्या कहूं? चुपचाप खड़ा रहा।

आधी रात को क्वार्टर वापस आकर पिछले पांच सालों की यादों में मैं खोता गया और यहां के लोगों के प्रति श्रद्धा में मेरा सर झुकता गया। जी.एम. साहब से शुरू करके लीभो कोलियारी की एक आम मजदूर वीर बहादुर के बारे में सोचते हुए बाकी रात भी बीत गयी।

❑❑❑

सुबह सात-साढ़े सात के बीच मैं तैयार हो गया। गाड़ी भी आ गयी। साथ में मि. सरकार और चित्रिता भी आ गए।

चित्रिता ने कहा- 'हम भी तुम्हारे साथ हवाई अड्डे तक जा रहे हैं।'

'सम्राट कहां है?'

'वह माधुरी दीदी के पास रहेगा।'

'तुम लोग थोड़ी देर बैठो। मैं जरा जी.एम. साहब के बंगले से होकर आ रहा हूं।'

मुझे गाड़ी से उतरते हुए देखकर ही मि. बनर्जी ने कहा- 'तुम क्यों आए? हम ही तो तुम्हारे यहां आ रहे थे।'

नंदिता भाभी ने जल्दी-जल्दी नीचे आकर कहा- 'तो आप जा रहे हैं?'

'हां, भाभी जी।'

'अगर संभव हो, तो फिर आइएगा।'

'हां, भाभी जी... जरूर आऊंगा।'

मेरे भाभी जी के चरण स्पर्श करते ही उन्होंने कहा- 'यह क्या? आपने मेरे पैर क्यों छुए?'

'भाभी जी, कुछ इंसानों के आगे सर झुकाकर, डांट सुनकर, हारकर भी खुशी मिलती है।'

मेरे जी.एम. साहब को प्रणाम करते ही उन्होंने अपने दो हाथों से मुझे सीने से लगाकर कहा- 'देख रहा हूं, तुम बड़े ही भावुक हो।'

उन्होंने पल भर के लिए रुककर कहा- 'बीच-बीच में चिट्ठी लिखते रहना।'

'हां, सर... जरूर दूंगा।'

लगभग एक ही सांस में कह गया- 'आपके जी.एम. होने के बावजूद मैं आपकी ठीक अपने बड़े भाई के जैसे ही इज्जत करता हूं।'

भाभी जी ने कहा- 'वह सब हमें पता है।'

मेरे गाड़ी में बैठते ही जी.एम. साहब की आंखों में आंसू आ गए। उन्होंने आंसू पोंछ कर कहा- 'कुछ दिन बहुत सूना-सूना-सा लगेगा।'

उन्होंने तुरंत ड्राइवर से कहा- 'तुम गाड़ी स्टार्ट करो... और देर मत करो।'

क्वार्टर के पास आकर देखा, अस्पताल लगभग खाली करके मेरे सभी सहकर्मी पांच-छः गाड़ी भर के बैठे हुए हैं। सी.एम.ओ. साहब से मैंने कहा- आप तो सभी को लेकर आ गए हैं। उधर अस्पताल में कुछ...।

नमिता ने कहा- 'तुम चले जा रहे हो और हम लोग हवाई अड्डे तक भी न जाएं... ऐसा कभी हो सकता है भला?'

अचानक माधुरी भाभी ने लगभग कुरेदते हुए आकर कहा- 'पापड़ी और सम्राट को किसी तरह अंदर वाले कमरे में बंद करके आई हूं। आपको जाते हुए देखकर वे दोनों बहुत रोएंगे।'

उन्होंने पल भर के लिए रुककर कहा- 'हमें भूल मत जाइएगा... फिर आना।'

मेरे सिर हिलाकर सम्मति प्रकट करते ही वह लगभग भाग कर अपने क्वार्टर के

अंदर चली गईं।

मुझे विदा करने के लिए छः-सात गाड़ियों का एक जुलूस मार्घेरिटा छोड़कर डिब्रूगढ़ हवाई अड्डे की तरफ रवाना हुआ।

हवाई अड्डे पर पहुंचकर देखा, लीभो कोलियरी के मैंनेजर मि. शर्मा के साथ वीर बहादुर भी मुझे विदा करने के लिए आए हैं।

मेडिकल कॉलेज में दाखिल होने के दिन से ही डॉक्टर लोगों को हर रोज जन्म और मृत्यु का सामना करना पड़ता है... शायद इसीलिए ही डॉक्टर लोग आंसू नहीं बहाते। वे लोग आंसू बहाने के आदी भी नहीं होते हैं। लेकिन, डिब्रूगढ़ हवाई अड्डे पर मैं किसी से एक भी बात नहीं कर पाया। मेरी आंखों के आगे सब कुछ धुंधला-सा हो गया। फिर, कुछ बूंद आंसू टपकते ही भागकर हवाई जहाज में चढ़ गया।

❑❑❑

अखबार के हरेक पन्ने पर एक गोष्ठी और एक इलाके के लोगों के साथ दूसरे गोष्ठी, दूसरे इलाके के लोगों की लड़ाई-झगड़े की खबरें पढ़ने को मिल जाती हैं। मैंने सुना था कि, असम के लोग बंगालियों को खास पसंद नहीं करते हैं। मैं कोई विश्व-पर्यटक नहीं हूं। फिर भी मार्घेरिटा में पांच साल बिताने के बाद मैंने यह महसूस किया है कि, अगर इंसानों के मन के अंदर अहं और जलन न रहे तो इंसानों के साथ इंसानों का विरोध कभी नहीं होगा, हो ही नहीं सकता। कोयला खान के एक डॉक्टर के नाते मैंने भारतवर्ष के विभिन्न राज्यों, विभिन्न इलाको के लोगों से मिल चुका हूं। मेरी नजर में तो कहीं कोई विरोधी नहीं आया। विरोध सिर्फ अखबार के पन्नों पर और राजनीति के लोगों के मन के अंदर है।

हवाई जहाज में बैठकर यह सब सोचता हूं और मन-ही-मन महसूस करता हूं, मुझे फिर से मार्घेरिटा लौटना ही पड़ेगा।

दमदम हवाई अड्डे पर उतरते ही सीधा हावड़ा स्टेशन। वहां से मेरे यौवन का उपवन, बुढ़ापे का वराणसी मौभण्डार।

❑❑❑

मां ने हैरान होकर पूछा- 'तू सिर्फ दो दिन के लिए आया है ?'

भाभी ने हंसते हुए कहा- 'शादी के पहले ही अगर तुम सिर्फ दो एक-दिन बाद ही भाग जाओगे, तो शादी के बाद क्या करोगे ?'

'दस सालों में सिर्फ एक दिन के लिए आऊंगा।'

मैंने मुसकराकर कहा- 'बीवी मिल जाने के बाद तुम्हारी शक्ल देखने के लिए क्यों आऊंगा ?'

पलक झपकते जैसे दो दिन बीत गए।

विदा लेते समय भाभी ने कहा – 'छोटू भईया, प्लीज, अब तुम शादी कर ही लो। इस तरह अकेले-अकेले और मत रहो।'

मैंने मुसकराकर कहा- 'मैं तो दुल्हन लाने के लिए ही जा रहा हूं।'

राजा बेटे को गोद में लेकर मैंने कहा- 'चाचू, तुम बड़े होकर जरूर पेट चीरने वाले डॉक्टर बनना। मुझ जैसे सिर्फ दवाई देने वाले डॉक्टर मत बनना।'

मां ने कहा- 'अब तो हवाई जहाज में चढ़ने का झमेला नहीं रहेगा। छुट्टी मिलते ही चले आना।'

'हां, मां... जरूर आऊंगा।'

बड़े भईया मुझे खड़गपुर स्टेशन पर ट्रेन में बैठाकर गए।

❑❑❑

चार बर्थ वाले फार्स्ट क्लास कंपार्टमेंट की ऊपरी बर्थ पर लेटे-लेटे मैं बहुत कुछ सोच रहा था। सोच रहा था, ईशानी को न पाने का गम भुलाने के लिए कोल इंडिया की नौकरी लेकर असम के मार्घेरिटा गया था। वहां के अनगिनत लोगों के प्यार को पाकर, मैं मुग्ध हो उठा... लेकिन फिर भी ईशानी को ना पाने का गम तो भूल नहीं पाया।

नसीब में चेयरमैन जब आये थे, तब डायरेक्टर साहब भी आये थे। तबादले के लिए मैंने उनको अर्जी दी। तबादले का ऑर्डर भी आ गया। अब मैं जा रहा हूं पश्चिमी कोल फील्डस की परासिया डिविजन के बारकुई अस्पताल में। सुना है, वह जगह मध्य प्रदेश के छिंदवाड़ा जिले में है। जिंदगी में कभी नाम भी नहीं सुना। कैसे सुनूं? छिंदवाड़ा तो भोपाल-सांची-जबलपुर-रायपुर या इंदौर-उज्जयिनी की तरह मशहूर नहीं है। आदिवासियों के दुःख-कष्ट और उन लोगों के प्रति सरकार व समाज की उपेक्षा के बारे में अखबार और पत्र-पत्रिकाओं में पढ़ चुका हूं...लेकिन इतने सालों में मैंने कभी अखबार में छिंदवाड़ा का नाम पढ़ा है... ऐसा नहीं लगता।

इसलिए मन-ही-मन में सोचता हूं, छिंदवाड़ा का परासीया इलाका क्या मार्घेरिटा के जैसे हरियाली से घिरा हुआ होगा? वह जगह क्या शांति से भरी हुई होगी? वह जगह आदर्शहीन-नीतिहीन-स्वार्थी राजनीतिविदों के चेला-चामुंडा माफिया लोगों का स्वर्ग राज्य तो नहीं है... जैसा रानीगंज-झरिया-धनबाद में मिलता है।

इसके अलावा, अस्पताल के सी.एम.ओ. या दूसरे सहकर्मी कैसे होंगे, यह भी मुझे पता नहीं है। वहां के जी.एम. साहब कैसे इंसान हैं, वह भी मुझे पता नहीं।

और भी बहुत कुछ सोचता रहता हूं।

फिर ऐसा लगता है और जो भी हो, मार्घेरिटा में मैं काफी चैन से ही दिन बिता रहा था। क्या जरूरत थी तबादले के लिए अर्जी पेश करने की? यह अनिश्चित जोखिम उठाने की क्या जरूरत थी?

यह सब सोच-विचार करते-करते ट्रेन टाटा नगर, चक्रधरपुर पार करके राउरकेला पहुंची। हाथ की घड़ी में समय देखा, रात को सवा दो बज रहे हैं।

बाकी तीनों सहयात्री घोड़े बेचकर सो रहे हैं। मुझे ऐसा लगा कि इस दुनिया से इन लोगों को कोई लेना-देना नहीं है। मेरे जैसे अगर वे लोग भी अपने प्रिय जन को खो देते, तो क्या ऐसे चैन की नींद सो पाते?

कभी नहीं सो पाते।

दुःख-कष्ट-बेचैनी... यह सब मन के अंदर रहने से इतने चैन की नींद कोई सो नहीं सकता।

अच्छा, मेरे यह तीनों सहयात्री क्या सुखी हैं? वे लोग क्या अपने प्रियजनों को जिंदगी के सफर में साथी के तौर पर पाया?

पता नहीं।

ऐसे ही उल्टे-सीधे सोचते-सोचते मैं भी सो गया।

नींद टूटी पैंट्री कार के बैरा के बुलाने पर।

'सर... नाश्ता दूं?'

'पहले चाय दो।'

'चम्पा पार करने के बाद ही चाय लाया था, लेकिन आप ....।'

'अभी कौन-सा स्टेशन पार हुआ?'

'बिलासपुर।'

'ठीक है। पहले चाय दो... उसके थोड़ी देर बाद नाश्ता ले आना।'

'शाकाहारी?'

'नहीं-नहीं। नॉनवेज।'

ऊपर वाले बर्थ से नीचे उतरकर मैंने देखा, दो सज्जन सज-धज कर बैठे हुए हैं। तीसरे सज्जन कुर्ता-पजामा पहनकर टाइम-टेबल के पन्ने को पलट रहे हैं।

उन लोगों से मुखातिब होकर मैंने कहा- 'गुड मार्निंग।'

तीनों ने ही लगभग एक साथ ही कहा- 'गुड मार्निंग।'

चाय पीते-पीते पता चला कि, दोनों सज्जन रायपुर उतर जाएंगे... तीसरे सज्जन जाएंगे नासिक।

जो भी हो, दोनों सहयात्रियों के रायपुर उतर जाने के बाद ट्रेन खुलते ही बाकी बचे

सज्जन ने थोड़ा मुसकराकर बंगाली में मुझसे पूछा- 'यह ईशानी कौन है ?'

उनका सवाल सुनकर मैं चौंक उठा। किसी तरह अपने आपको संभाल लेने के बाद मैं भी थोड़ा मुसकराकर उल्टा सवाल किया- 'क्यों ?'

'नींद में आपने कितने बार ईशानी का नाम लिया है... उसका कोई हिसाब-किताब नहीं है।'

मैंने बिलकुल ही संकोच न करके जवाब दिया- 'ईशानी मेरी बीवी का नाम है। उसकी तबीयत ठीक नहीं है। इसके अलावा, उसे अकेला छोड़कर आना पड़ा, इसलिए थोड़ा चिंतित भी हूं।'

'मैं भी ऐसा ही कुछ सोच रहा था।'

उन्होंने फिर से हंसकर सवाल किया- 'नई-नई शादी की है ?'

मैंने भी मुसकराकर जवाब दिया- 'एकदम नई कहने से गलत होगा। लगभग पांच साल पहले हमारी शादी हुई थी।'

मेरे सहयात्री ने एक सिगरेट सुलगा कर दबी हुई हंसी हंसकर कहा- 'जरूर लव मैरिज ?'

'हां।'

'भाभी जी भी शायद पूरी रात आपका नाम पुकारती होंगी ?'

'लगता तो कुछ ऐसा ही है।'

दो-एक मिनट चुप रहने के बाद उन्होंने पूछा- 'आप करते क्या हैं ?'

'मैं एक डॉक्टर हूं... कोल इंडिया में नौकरी करता हूं।'

'एम.बी.बी.एस ?'

'मैं एक एम.डी. हूं।'

'आपकी पत्नी ईशानी भी क्या डॉक्टर हैं ?'

'हां।'

'क्या वह भी एम.डी. हैं ?'

'हां।'

'हे भगवान!' उन्होंने हंसते हुए कहा- 'एक दम मेड फॉर इच अदर।'

थोड़ी देर चुप रहने के बाद इस बार मैंने उस सज्जन से पूछा- 'आप क्या करते हैं ?'

'एयर फोर्स का फाइटर पायलट हूं मैं।'

'शादी किए हैं ?'

'नहीं।'

'क्यों ?'

'शादी नहीं करूंगा।'

'क्यों ? शादी क्यों नहीं करेंगे ?'

उन्होंने हंसते हुए जवाब दिया- 'पता नहीं, कब कौन से हादसे में मेरी मौत हो जाए। फालतू में एक युवती लड़की को विधवा होने का मौका क्यों दूं ?'

उनको हंसते हुए ऐसी बात कहते हुए देखकर मैं हैरान हो उठा। मैंने पूछा- 'अकेले-अकेले रहना आपको क्या अच्छा लगता है ?'

उन्होंने पहले जैसे ही हंसते हुए कहा- 'शाम के बाद चार-पांच पैग व्हिस्की पेट के अंदर डालने से बीवी की जरूरत महसूस नहीं होती है।'

उनकी बातें सुनकर इस बार मैं भी हंस उठा। हंसी थमने पर मैंने कहा- 'कुंवारा रहने के लिए बहुत ही अच्छी दवाई खोज निकाली आपने।'

उस सज्जन के साथ गप्पबाजी करते हुए समय अच्छी तरह ही बीत गया।

निश्चित समय से लगभग दस मिनट पहले ही मुम्बई मेल नागपुर पहुंच गई।

मुझसे विदा लेते समय उन्होंने कहा- 'ईशानी भाभी को जितनी जल्दी हो सके, अपने पास ले आइएगा।'

प्लेटफार्म पर उतर कर मैंने पीछे मुड़कर कहा- 'हां... जल्दी ही ले आऊंगा।'

❑❑❑

कुली के सिर पर तीनों सूटकेस लादकर ओवरब्रिज पार करके एक नंबर प्लेटफार्म के गेट से होकर स्टेशन के बाहर आते ही मैंने देखा, एक सज्जन मेरा नाम लिखी हुई तख्ती हाथ में लेकर खड़े हैं।

'मैं ही डॉक्टर सैकत बनर्जी हूं।'

उस आदमी ने तुरंत अपना दाहिना हाथ ऊपर उठाकर मुझे सलाम ठोककर कहा- 'सी.एम.ओ. साहब गाड़ी में आपका इंतजार कर रहे हैं।'

यहां भी मुझे रिसीव करने के लिए सी.एम.ओ. साहब खुद आए हैं ? कोल इंडिया के सभी सी.एम.ओ. लग रहे हैं कि बहुत ही सज्जन आदमी हैं।

हैरान होकर गाड़ी के पास पहुंचते ही एक लंबा-सा स्वस्थ्य सज्जन ने हाथ मिलाने के लिए अपने दाहिने हाथ को आगे बढ़ाकर कहा- 'मैं डॉक्टर श्रीवास्तव हूं... बारकुई अस्पताल का सी.एम.ओ.।'

उनसे हाथ मिलाकर मैंने कहा- 'सर! आपने क्यों कष्ट किया ? सुना है, परासिया-बारकुई यहां से बहुत दूर है।'

उन्होंने थोड़ा मुसकराकर कहा- 'यहां पर ही हमारा मुख्यालय है। काम के

सिलसिले में मुझे यहां बीच-बीच में आना ही पड़ता है।'

डॉक्टर श्रीवास्तव ने पल भर के लिए रुककर कहा- 'एक मीटिंग थी... इसलिए मैं कल ही यहां आया हूं। सो, लौटते वक्त आपको भी साथ लेकर जा रहा हूं।'

हम दोनों के गाड़ी में बैठते ही गाड़ी चल देती है। इससे पहले मैं कभी नागपुर नहीं आया हूं। इसलिए चारों तरफ देखता रहता हूं। स्टेशन इलाके को पीछे छोड़कर दो-चार किलोमीटर जाते ही अगल-बगल में कुछ बंगले दिखाकर डॉक्टर श्रीवास्तव ने कहा- 'यह सब मंत्रियों के क्वार्टर हैं।'

उन्होंने पल भर के लिए रुककर कहा- 'यहां पर जब विधानसभा चलती है, तब मंत्री लोग यहां आते हैं।'

थोड़ी देर बाद ही उन्होंने फिर से कहा- 'बांयी तरफ जो जगह देखने में जंगल की तरह लग रही है, वहीं है यहां का चिड़ियाघर और दाहिने तरफ वो है यहां का तारामण्डल।'

साफ-सुथरे रास्ते, हर नुक्कड़ पर ट्रैफिक लाइट। पैदल चलने वालों से लेकर ऑटो-रिक्शा और बसों को ट्रैफिक नियमों का पालन करते हुए देखकर मैं मुग्ध हो उठा। मैंने बहुत साल कोलकाता में बिताया। इसलिए गुवाहाटी-नागपुर देखकर ही मैं हैरान हो उठता हूं।

घंटे-डेढ़ घंटे बाद महाराष्ट्र छोड़कर हम लोग मध्य प्रदेश में प्रवेश किया। इसके डेढ़-दो घंटे बाद छींदवाड़ा।

हे भगवान! मध्य प्रदेश के इस अनाम जिला-शहर के रास्ते भी इतने साफ-सुथरे हैं। यहां पर भी हरेक नुक्कर पर ट्रैफिक लाइट देखने को मिलती है।

छींदवाड़ा शहर को पीछे छोड़कर घंटे भर सफर करने के बाद रास्ते के दोनों तरफ रोशनी से जगमगाती हुई कुछ दुकानें दिखाकर डॉक्टर श्रीवास्तव ने कहा- 'यह है परासिया।'

पांच मिनट के अंदर हम परासिया गेस्ट हाउस पहुंच गए।

गाड़ी से उतरकर दाहिने तरफ का एक बंगला दिखाकर डॉक्टर श्रीवास्तव ने कहा- 'यह है हमारे जी.एम. साहब का बंगला।'

गेस्ट हाउस का एक कर्मचारी लगभग भाग कर आया और मुझे सलाम ठोककर दोनों हाथों में दो बड़ा-बड़ा सूटकेस उठा कर आगे बढ़ गया। तीन नंबर सूटकेस ड्राइवर ने कमरे तक पहुंचा दिया।

डॉक्टर श्रीवास्तव ने कहा- 'आप नहा-धोकर फ्रेश हो लीजिए। आधे घंटे के भीतर मैं जी.एम. साहब को लेकर आता हूं।'

परासिया गेस्ट हाउस में एक बेडरूम और एक ड्राइंग रूम है। गेस्ट हाउस के आगे बागीचा और सुइमिंग पूल भी है। कुल मिलाकर ठीक किसी पेंटिंग की तरह ही लगता है।

नहाकर साफ कपड़े पहन कर कमरे के बाहर आते ही मैंने देखा, ड्राइंग रूम में डॉक्टर श्रीवास्तव एक प्रौढ़ व्यक्ति के साथ बातें कर रहे हैं।

मेरे ड्राइंग रूम मे पांव रखते ही सी.एम.ओ. साहब उस सज्जन को दिखा कर मुझसे कहा– 'आप हैं मि. गुप्ता... हमारे जी.एम.।'

मि. गुप्ता मुझसे हाथ मिलाकर सी.एम.ओ. साहब से हंसकर कहा– 'डॉक्टर श्रीवास्तव, सैकत कुछ ज्यादा ही हैंडसम हैं। जरा नजर रखना।'

उनकी बातें सुनकर हम सभी हंस उठे।

हंसी रुकते-रुकते गेस्ट हाउस का वैरा एक बड़ा-सा ट्रे में व्हिस्की की बोतल, आइस बाकेट, ठंडे पानी की बोतल और दो-तीन सोडे की बोतल लेकर आया।

डॉक्टर श्रीवास्तव ने मुझसे पूछा– 'आप ड्रिंक लेते हैं न?'

मेरे कुछ जवाब देने से पहले ही जी.एम. साहब ने कहा–'कोल इंडिया में नौकरी कर रहे हैं और व्हिस्की नहीं पीते हैं... ऐसा कैसे हो सकता है?'

व्हिस्की का घूंट मारकर मैंने कहा– 'पहले कभी मैंने ड्रिंक नहीं किया था... लेकिन मार्घेरिटा पहुंच कर पहला दिन ही वहां के जी.एम. साहब के खातिर मैंने ड्रिंक करना शुरू किया।'

मि. गुप्ता ने कहा– 'वहां के जी.एम. तो बनर्जी हैं।'

'हां, सर।'

'ही इज ए नाइस मैन एण्ड ए वेरी गुड फ्रेंड ऑफ माइन। मेरी मिसेज हर साल उसे राखी भेजती है।'

कहां, असम का मार्घेरिटा और कहां मध्य प्रदेश का परासिया। फिर भी इन लोगों के बीच संपर्क है... प्यार-मुहब्बत है। जो लोग कोयला खान में काम करते हैं उन लोगों की अपनी एक अलग दुनिया होती है। भारतवर्ष के नौ राज्यों में इन लोगों की वही दुनिया फैली हुई है।

गप्पबाजी करते-करते दो-तीन पैग व्हिस्की पीने के बाद ही मि. गुप्ता हम दोनों को डिनर के लिए अपने बंगले पर लेकर गए।

मुझे देखते ही मिसेज गुप्ता ने अपने पति से कहा– 'यह तो हमारे बड़े बेटे के जैसे हैं।'

'आप भी तो मेरी मां के जैसी ही हैं।'

थोड़ी देर रुककर मैंने कहा– 'आपके यह नए बेटे को जरा देखना।'

मि. गुप्ता ने तुरंत कहा– 'सैकत! ज्यादा दिनों तक हम तुम्हें देख नहीं पाएंगे। कुछ महीने के अंदर मैं अवकाश लेकर जा रहा हूं।'

डिनर के बाद डॉ. श्रीवास्तव ने मुझसे कहा – 'आप कल अस्पताल आ रहे हैं न?'

'हां-हां... जरूर आऊंगा।'

'हां, आइए! सभी के साथ आपका परिचय करवा दूंगा।'

उन्होंने थोड़ी देर रुककर कहा– 'सुबह का भीड़ थोड़ा कम होते ही मैं आपको फोन करके गाड़ी भेज दूंगा।'

❑❑❑

अगले दिन करीब ग्यारह बजे मैं अस्पताल पहुंचा। सी.एम.ओ. साहब के कमरे में घुसते ही उन्होंने कहा– 'आइए-आइए।'

मेरे बैठते ही उन्होंने अपने दाहिने तरफ बैठे हुए सज्जन को दिखाकर कहा– 'आप हैं डॉक्टर केजरीवाल... हमारे सर्जन और आपके ठीक बगल में हैं हमारे पीडीयाट्रिशन डॉ. सेन।'

हम सभी को नमस्कार विनिमय करते हैं... ठीक उसी वक्त एक महिला कमरे के अंदर आयी।

उनको दिखाकर डॉ. श्रीवास्तव ने कहा– 'हमारी गाइनी डॉ. मिसेज सेन से मिलिये... डॉ. सेन की पत्नी।'

मैं डॉ. मिसेज सेन को नमस्कार करता हूं। वे भी सी.एम.ओ. साहब से कुछ जरूरी बातें करके कमरे के बाहर चली गईं।

उनके चले जाने के बाद डॉ. श्रीवास्तव ने दरवाजे की तरफ देखकर थोड़ा ऊंचा स्वर में कहा– 'डॉक्टर चौधरी... प्लीज अंदर आइए।'

गर्दन घुमाकर दरवाजे की तरफ देखते ही मैं स्तब्ध हो उठता हूं। मुझे जैसे अपने आंखों पर विश्वास नहीं हो रहा था। ईशानी भी मुझे यहां देखकर आश्चर्य चकित हो उठी। वह दो कदम आगे बढ़कर ही ठिठक कर रुक गई। मैं अपनी कुर्सी को छोड़कर खड़ा हो गया। हम दोनों ही एक-दूसरे के तरफ बिना पलक झपकाए देखते रहे।

हम दोनों ने लगभग एक ही साथ कहा– 'तुम?'

एक ही साथ मुंह खोलकर हम दोनों ही थोड़ा-बहुत शर्म महसूस करने लगे।

ईशानी ने एक गहरी सांस छोड़कर कहा– 'मैं तो यहां पिछले पांच सालों से हूं।'

'मैं भी पिछले पांच सालों से कोल इंडिया में नौकरी कर रहा हूं।'

डॉ. श्रीवास्तव ने मुसकराकर ईशानी से कहा- 'मुझे ऐसा लग रहा है कि, तुम दोनों पहले से ही एक-दूसरे को जानते हो।'

ईशानी ने एक झलक मेरी तरफ देखकर मुसकराकर कहा- 'हां, सर, हम दोनों एक-दूसरे को काफी अच्छी तरह से जानते हैं।'

इस बार उसने मेरी तरफ देखकर पूछा- 'कब आए?'

'कल रात को।'

'कहां ठहरे हो?'

'परासिया गेस्ट हाउस में।'

ईशानी ने सी.एम.ओ. साहब से कहा- 'सर, सैकत को मैं अपने क्वार्टर पर लेकर जा रही हूं। यह मेरे साथ ही लंच करेगें।'

डॉ. श्रीवास्तव ने कहा- 'ठीक है, मैं गेस्ट हाउस में फोन कर देता हूं।'

अस्पताल से ईशानी के क्वार्टर का पांच-सात मिनट का रास्ता है... लेकिन रास्ते में हम दोनों में से किसी ने भी कुछ नहीं कहा। ताला खोलकर ड्राइंग रूम के अंदर पांव रखते ही ईशानी ने पूछा- 'अपनी बीवी को साथ लाए हो?'

'नहीं।'

'क्यों?'

'बीवी चली गई है।'

उसने हैरान होकर पूछा- 'कहां चली गई है?'

'मानव भईया के पास।'

उसने थोड़ा-सा भी उत्तेजित न होकर कहा- 'ऐसी बातें कहने पर तुम्हें जरा-सी भी शर्म महसूस नहीं हुई?'

'तुम अगर दिन-दर-दिन उसके घर में रात बिता सकती हो, तो ऐसी बातें कहने पर मुझे शर्म महसूस क्यों होगी?'

'मानव भईया की बड़ी ताई जी मेरी सगी बुआ लगती हैं। उनके कोई बच्चे भी नहीं हैं। इसके अलावा मानव भईया की मां का देहान्त हो जाने के बाद मेरी बुआ जी ने ही उसे पाल-पोसकर बड़ा किया है।'

'तो यह बात...।'

'ठहरो, पहले मुझे अपनी बात कह लेने दो।'

ईशानी ने एक गहरी सांस लेकर कहा- 'उस समय बुआ जी मृत्यु शैय्या पर थी... इसीलिए ही मुझे कुछ दिन...।'

मैंने उसे अपनी बात खत्म करने का मौका नहीं दिया। मैंने बीच में ही कहा– 'मानव भईया के साथ तुम्हारे इस रिश्ते के बारे में तुमने मुझे पहले क्यों नहीं बताया?'

'कॉलेज में मानव भईया बदनाम थे... इसलिए कुछ नहीं कहा।'

कुछ पल चुप रहने के बाद मैंने उसकी तरफ देखकर पूछा– 'तुम्हारी शादी हो गई?'

'हां।'

'तो तुम्हारी मांग में सिंदूर क्यों नहीं है ?'

उसने फीकी हंसी हंसकर कहा– 'जब पति के साथ घर ही नहीं बसा पाई, तो मांग में सिंदूर किसलिए लगाऊं?'

मैंने हैरान होकर कहा– 'पति के साथ घर क्यों नहीं बसा पाई तुम?'

'आज से पांच साल पहले मेरे पति मुझे गलत समझकर, मुझ पर गलत शक करके, मुझसे लड़ाई-झगड़ा करके चले गए थे और ...।'

मैं और अपने आपको रोक नहीं पाया। मैं चिल्ला उठा– *'टुसिया... '*और उसे अपने सीने से लगा लिया। ईशानी भी ठीक किसी पागल की तरह मुझसे लिपट गई और खुशी से हम दोनों के आंखों से आंसू टपक पड़े।

❑❑❑